读故事学经典系列

U0589176

读故事 学古文名句

【涵盖教育部推荐背诵篇目】

邵勋潜 编著

花山文艺出版社

图书在版编目(CIP)数据

读故事学古文名句/邵勋潜著. -- 石家庄:花山
文艺出版社,2006(2021.8 重印)
("读·品·悟"读故事学经典系列)
ISBN 978-7-80673-870-2

Ⅰ.①读… Ⅱ.①邵… Ⅲ.①名句 – 中国 – 古代 – 青
少年读物 Ⅳ.①H136.3

中国版本图书馆 CIP 数据核字(2006)第 091474 号

丛 书 名:读故事学经典系列
书　　名:**读故事学古文名句**
编 著 者:邵勋潜

策　　划:张采鑫
责任编辑:于怀新
责任校对:李　鸥
特约编辑:李文生
装帧设计:红十月工作室
出版发行:花山文艺出版社(邮政编码:050061)
　　　　　(河北省石家庄市友谊北大街 330 号)
销售热线:0311-88643221
传　　真:0311-88643234
印　　刷:永清县晔盛亚胶印有限公司
经　　销:新华书店
开　　本:720×980　1/16
字　　数:230 千字
印　　张:14
版　　次:2006 年 8 月第 1 版
　　　　　2021 年 8 月第 2 次印刷
书　　号:ISBN 978-7-80673-870-2
定　　价:39.90 元

(版权所有　翻印必究·印装有误　负责调换)

前 言

　　古代名著是中华民族传统文化的精华,千百年间,哺育了一代又一代人,成为祖国文化的精神命脉。很多卓有成就的学者,在回忆自己的成长历程时,都感慨得益于早年的启蒙教育,尤其是古代名著的诵读。而名著名句更是精华中的精华。这些经典名句,一是蕴含着深刻的人生哲理。不少名句是作者饱经沧桑和坎坷之后对人生社会的深刻认识,又经过千锤百炼的艺术加工,今天读来仍然可以帮助我们更好地认识、理解和把握人生社会。二是有很强的艺术感染力。这些名句,有的读之令人胸襟洒脱,壮怀激烈,热血奔涌;有的如小桥流水,清风明月,读之令人赏心悦目,心旷神怡;也有的大喜大悲,缠绵悱恻,感情深挚,读之令人感慨震撼,刻骨铭心。三是具有强大的生命力。千百年来,尽管日换星移,沧海桑田,人类社会发生了翻天覆地的变化,但这些经典名句也经千淘万漉,沙里澄金,仍然传诵至今,足以证明它们是中华文化宝库中的璀璨明珠。

　　本书是一部古典文学普及读物,其特色是全面系统、选句广泛。为了能够帮助中学生增长知识,提高文学素养和写作能力,我们精选了100句最为脍炙人口的古文名句,涵盖教育部推荐的背诵篇目,便于读者旁征博引,广泛涉猎;用轻松新颖的形式,帮助同学们更好地学习理解古文经典。

　　全书在体例上分为八部分:

　　一是"名句和拼音"。书中的每一名句都有注音。由于对名句中的个别词语有不同的理解,我们择善而从,尽量按照通常的理解来注音。

　　二是"出典"。每一名句出自哪篇名著,作者是谁,都一一标明。

　　三是"注释"。名句中有深奥、不易理解的词语,均有恰当的释义。

　　四是"译文"。每一名句都有白话译文。

　　五是"原作"。为节省篇幅,一般是有关上下文的节选部分。

六是"作者小传"。书中在每位作者第一次出现时都作了简要介绍，以后标明页码，便于查找了解。

七是"故事"。或许是关于名著创作的故事，或许是关于某个作者的故事，或许是关于名句内容典故的故事。读了这些故事，可以了解更多的相关知识，并进而更好地理解背诵这些名句。

八是"赏析"。每一名句好在哪里，如何欣赏，都可以从中找到答案。

江山代有才人出，名句还要代代传。可以毫不夸张地说，同学们若能将这些字字珠玑、句句经典的古文名句诵记下来，将受益终生；对许多成年人来说，这也是应补的一课。

最后，我希望通过这本书，能够对中学生和广大的古文爱好者有所帮助，使古文经典名句成为他们成长、成才的良师益友。

由于本人水平所限，本书的体例和内容难免未能尽如人意，殷切希望广大读者批评指正，以便进一步修改和提高。

邵勋潜

目 录

S

T

X

Y

Z

不学《诗》，无以言……不学礼，无以立

【名句】

bù xué shī　wú yǐ yán　　bù xué lǐ wú yǐ lì
不 学 诗①，无 以 言②……不 学 礼，无 以 立③。

【出典】

《论语·季氏》。

【注释】

①诗：指《诗经》。

②言：说话。

③立：立足。

【译文】

不学《诗经》，在社会交往中就不会说话……不学礼，在社会上做人做事，就不能立足。

【原作】

陈亢问于伯鱼曰："子亦有异闻乎？"对曰："未也。尝独立，鲤趋而过庭。曰：'学《诗》乎？'对曰：'未也。''不学《诗》，无以言。'鲤退而学《诗》。他日，又独立，鲤趋而过庭。曰：'学礼乎？'对曰：'未也。''不学礼，无以立。'鲤退而学礼。闻斯

· 1 ·

二者。"陈亢退而喜曰："问一得三,闻《诗》,闻礼,又闻君子之远其子也。"

【作者小传】

《论语》,儒家著作。由孔门弟子及再传弟子汇集孔子言行而成。共二十篇。内容多数为孔子思想言行的记录,亦有弟子之间、弟子与再传弟子之间的谈话记载。不少具有文学意味,且与文学理论相关。是儒家重要经典之一。《论语》名称的来由,班固《汉书·艺文志》说:"《论语》者,孔子应答弟子时人及弟子相与言而接闻于夫子之语也。当时弟子各有所记。夫子既卒,门人相与辑而论纂,故谓之《论语》。"这一说法,大体可信。原始记录杂出于众手,最后编定当在战国初期,以曾参门人为主。

现在通行的《论语》二十篇,内容以伦理、教育为主。《论语》在汉代有《鲁论语》、《齐论语》与《古论语》等不同本子流传,后来统一于东汉郑玄。现存旧注有魏何晏注、宋邢昺疏《论语注疏》,宋朱熹《论语集注》及清刘宝楠《论语正义》等,今注本有杨伯峻《论语译注》。

陈亢问孔子的儿子伯鱼说:"你是我们老师的亲儿子,他对你的教育跟我们一般学生有所不同吧?你肯定另外得到了什么秘诀吧?"

伯鱼坦然地回答说:"没有呀!不过有两件事情可以告诉你:有一天,我父亲一个人站在家门口,我刚从外面回来,跟父亲行过礼后,就匆匆走进屋去。父亲突然问我:'你近来读《诗经》了吗?有没有研究诗的学问?'我说还没有。父亲就告诫我说:'如果不读《诗经》,不研究诗的学问,就无法表达好思想。'于是,我就开始读《诗经》,钻研有关诗的学问了。又一天,我父亲又是一个人站在院子里,我匆匆地从院中经过,父亲又问我:'你已经学习、钻研了关于礼的学问吗?'我回答说还没有。父亲又告诫我说:'一个人不学礼,不懂做人的基本精神,怎么能立足于社会?'于是,我又听从父亲的教诲,更自觉地学习、研究'礼'这方面的学问。总之,我从父亲那里所受的教诲,不过就是这两点最基本的东西罢了。"

陈亢听完伯鱼的回答,非常高兴地说:"我本来只问了一个问题,却从中了解到三方面的道理:第一,我知道了学《诗》的重要性;第二,我知道了学礼的重要性;第三,我又知道了我们的老师没有私心,对自己儿子的教育,就和对自己普通学生的教育一样。""不学《诗》,无以言……不学礼,无以立"便是这个故事中的名句。

赏 析
shang xi

"不学《诗》,无以言……不学礼,无以立。"这是孔子的教学名言。孔子是一个伟大的教育家,他对儿子的教育是从读书识礼开始的。在孔子看来,《诗经》中的文章,多半与修身、齐家有关系,而《礼》是处理人际关系的规范。可见,孔子教育儿子是从做人的根本入手的,所以后世称孔子教育儿子的方法是"诗礼传家"。

在今天,孔子教育儿子的方法仍然有值得借鉴的地方。

不患寡而患不均,不患贫而患不安

【名句】

bú huàn guǎ ér huàn bù jūn　　bú huàn pín ér huàn bù ān
不 患 寡 而 患 不 均①,不 患 贫 而 患 不 安②。

【出典】

《论语·季氏》。

【注释】

①患:担心。寡:少。
②贫:贫穷。安:安定。

【译文】

不担心归顺的人少,只怕人们的财富不均;不怕老百姓贫穷,就怕他们的生活得不到安定。

【原作】

……丘也闻有国有家者,不患寡而患不均,不患贫而患不安。盖均无贫,和无寡,安无倾。……

【作者小传】(见第2页)

孔子在鲁国,从事教学和著作。他的两个学生,冉求和子路都在鲁国执政者季孙氏手下任职。

鲁国附近有个小国,称为颛(zhuān)臾,一向服从鲁国,世代和好。鲁国历代君主祭祀蒙山山神时,总是请颛臾国帮着主持祀事。

现在季孙氏为了扩大疆土,夺取颛臾肥沃的土地,作出了并吞这个小国的决定。

孔子知道了。他把冉求、子路召来,责备他们说:

"颛臾本是鲁国的属国,臣服于鲁,为什么要去攻打他?你二人为什么不去劝阻?特别是冉求,季孙氏一向信任你。"

冉求恭敬地回答道:"这件事我们两个都不赞成,但季孙大夫要这样做,我们也无法劝阻。"

"冉求啊!"孔子严肃地说:"你们如能在朝廷发挥作用,可以在朝任职;如不能起什么作用,就该辞职。执政者有错误不去纠正,将要跌倒而不加扶持,要你们这些助手干什么?"

"你刚才说无法劝阻,这是不对的,"孔子接着又说,"猛虎要跳出笼子伤人了,你站在一旁说'无法阻止',行吗?"

冉求辩解说:

"可是,颛臾靠近我国的费城,力量不弱,现在不征服它,将来会给我们后代添麻烦的。"

孔子一听,冉求明明是赞成合并颛臾的,他生气了,板着脸说:

"求啊!君子讨厌那些最不敢承认自己想做的事而找某种堂皇借口的话。你们分明是为了夺取颛臾的财富和统治他们的百姓。一个国家,不要担心财富少而要担心穷富太不平均,不要担心百姓少而要担心社会不安定,这就叫做'不患贫而患不均,不患寡而患不安'。现在,你们辅佐季孙大夫而不能阻止他发动战争,必将引起社会的不安。我看,祸患不在国外的颛臾,倒会是在朝廷内部呢!"

冉求、子路被老师训得闭口无言,他们终于没有阻止季孙氏的军事行动。

鲁国国君恼恨季孙氏专权,企图剥夺他的执政权,结果正如孔子所预料的,引起了一场内部斗争。

赏析
shang xi

"不患寡而患不均,不患贫而患不安。"这两句话有相当的道理,不患的是"寡"和"贫",而患的是"不均"和"不安"。这就说明,财富不均和不安定,比人民少和老百姓穷更重要,因为这两者影响到国家的大局。如果财富分配均匀了,就无所谓贫穷;国内和睦团结了,就不显得人少势弱;社会安定了,国家就没有倾覆的危险。这实际上就是孔子治理国家的一种主张。

不复知人间有羞耻事

【名句】

bú fù zhī rén jiān yǒu xiū chǐ shì
不 复 知 人 间 有 羞 耻 事①。

【出典】

北宋欧阳修《与高司谏书》。

【注释】

①不复:不再。羞耻事:可耻的事情。

【译文】

不再知道世间还有可耻的事情。

【原作】

足下犹能以面目见士大夫,出入朝中称谏官,是足下不复知人间有羞耻事尔……

【作者小传】

欧阳修(1007~1072),北宋政治家、文学家。唐宋八大家之一。字永叔,号醉翁,晚号六一居士。吉州永丰(今属江西)人。欧阳修自称庐陵人,因为吉州原属庐陵郡。

景祐三年,范仲淹因上章批评时政,被贬饶州,欧阳修为他辩护,被贬为夷陵(今湖北宜昌)县令。康定元年(1040),欧阳修被召回京,复任馆阁校勘,后知谏院。庆历三年(1043),范仲淹、韩琦、富弼等人推行"庆历新政",欧阳修参与革新,提出了改革吏治、军事、贡举法等主张。庆历五年,范、韩、富等相继被贬,欧阳修也被贬为滁州(今安徽滁州)太守。至和元年(1054)八月,奉诏入京,与宋祁同修《新唐书》。嘉祐二年(1057)二月,欧阳修以翰林学士身份主持进士考试,提倡平实的文风,录取了苏轼、苏辙、曾巩等人,这对北宋文风的转变很有影响。嘉祐五年(1060),欧阳修拜枢密副使;次年任参知政事;以后,又相继任刑部尚书、兵部尚书等职。神宗熙宁二年(1069),王安石实行新法。欧阳修对青苗法曾表异议,且未执行。熙宁三年(1070),除检校太保宣徽南院使等职,坚持不受,改知蔡州(今河南汝南县)。这一年,他改号"六一居士"。熙宁四年(1071)六月,以太子少师的身份辞职,居颍州。卒谥文忠。主要作品为与宋祁合修《新唐书》,独撰《新五代史》(《伶官传序》出于此)。有《醉翁亭记》、《秋声赋》、《六一词》等,结为《欧阳文忠集》。《六一诗话》是我国第一部诗话。

欧阳修是我国文学史上杰出的作家。他幼年丧父,在十分艰苦的环境里,刻苦学习,打下了坚实的基础。

1029年,欧阳修参加进士科考试,连考三次都是第一名。第二年被朝廷派往西京(今河南洛阳)做留守推官。三年后调到京城,当馆阁校勘,从事编辑和校订图书的工作。

这时,阶级矛盾激化,不断爆发农民起义,北方又有西夏入侵,以范仲淹为首的一批大臣主张改革官僚政治,积极抵御外敌,却遭到宰相吕夷简等人的反对。后来,范仲淹又上书宋仁宗赵祯,指责吕夷简任人唯亲,结果在吕夷简等人的诬蔑攻击下,被贬到饶州(今江西鄱阳)。

当时,欧阳修和许多大臣一起,纷纷上书皇帝,称赞范仲淹正直敢言,为官清廉,请求将他留在京城。可是司谏高若讷却昧着良心说范仲淹该贬。

欧阳修知道后,非常气愤,立即给高若讷写了一封信,痛快淋漓地将他骂了一顿。

欧阳修在信中说:"过去我听人说,你是正直而有学问的君子,但是我很怀疑。所谓正直,是不可屈曲,有学问,是能辨是非。你身为谏官,对范仲淹遭贬这件事不能公正地讲话,我才发现你不是一个君子。范仲淹为人刚正好学,博古通今,这在朝野上下是一致公认的。他只是得罪了宰相,你是害怕宰相,爱惜你的官位,贪图利禄而不敢说公正的话。你这样做,有何面目去见各位大臣?有什么资格出入朝堂称谏官呢?我看你是不知人间有羞耻事!"

欧阳修的信刺痛了高若讷和吕夷简,他们就采取报复手段,把欧阳修逐出京城,降职为夷陵(今湖北宜昌)县令。直到几年后,朝廷重新起用范仲淹,欧阳修才回到京城。此后,他积极支持政治改革,还推行了一场著名的诗文革新运动,培养鼓励王安石、苏轼等人成为一代文豪。

赏 析

"不复知人间有羞耻事。"这是欧阳修尖锐地驳斥当时保守派的诽谤和污蔑的一句名言,具有一定的战斗性,它的含义是不知道什么叫羞耻。后来人们用它来形容卑鄙无耻到了极点。

不知有汉,无论魏晋

【名句】

bù zhī yǒu hàn wú lùn wèi jìn
不 知 有 汉,无 论 魏 晋①。

【出典】

东晋陶渊明《桃花源记》。

【注释】

①无论:更不用说。

【译文】

他们根本不知道有汉朝,更不必说魏和晋了。

【原作】

……村中闻有此人,咸来问讯。自云先世避秦时乱,率妻子邑人来此绝境,不复出焉,遂与外人间隔。问今是何世,乃不知有汉,无论魏晋。

【作者小传】

陶渊明(365 或 372 或 376~427),一名潜,字元亮,世号靖节先生。东晋文学家。浔阳柴桑(江西九江)人。29 岁时开始出仕,任江州祭酒,不久归隐。后陆续做过镇军参军、建威参军等小官,过着时隐时仕的生活。41 岁再出为彭泽令,八十多天便弃职而去,从此归隐田园。

陶渊明是汉魏南北朝八百年间最杰出的诗人。陶诗今存 125 首,多为五言诗。从内容上可分为饮酒诗、咏怀诗和田园诗三大类。他是第一个大量写饮酒诗的诗人;他也是田园诗的开创者,陶渊明的田园诗以纯朴自然的语言、高远拔俗的意境,为中国诗坛开辟了新天地,并直接影响到唐代田园诗派。代表作《归园田居五首》、《饮酒诗二十首》等表现对黑暗社会的憎恶,对田园生活的热爱和对自然景物的赞美。

散文以《桃花源记》最有名,大约作于南朝宋初年。它描绘了一个乌托邦式的理想社会,表现了诗人对现存社会制度彻底否定与对理想世界的无限追慕之情,标志着陶渊明的思想达到了一个崭新的高度。

晋朝太元年间,武陵地方有个靠打鱼为生的人。一天,他沿着一条小溪划舟向前,划呀划呀,他早已忘记路有多远了。忽然,他看到前面有一片密密的桃花树林,夹着溪水向两岸伸展,桃花树林中没有其他树夹杂,绿茵茵的嫩草发出一阵阵的清香,地上飘落的花瓣到处都是,他举目望去,桃花树林纵深有几百步,心中不由十分奇怪:我过去怎么从来没有看到过这个地方呢?

他一面想,一面继续划船向前,打算找到这桃花树林的尽头。

他划呀划,划到了小溪的源头,只见源头有一座山,山脚下有一个山洞。山洞中似乎有光亮透出来。渔人把自己的小船拴在一棵树上,钻进洞去。洞中的通道起先很狭小,仅能容纳一个人。可是往里走了几十步,不由豁然开朗,洞口一下子宽敞起来。

他揉了揉被光线刺痛的眼睛,只见洞内别有天地:一片片田地平坦宽旷,一排排房屋俨然整齐,肥沃的良田,美丽的池塘,翠绿的桑树和竹子,一切是那样地真切。

再放眼望去,田间小路交错纵横,连鸡和狗的叫声也能听得清清楚楚。田野中有一些干活的人,路上也有一些行人,但他们的衣着打扮,不管是男是女,是老是少,全跟他们晋朝的人不一样。无论是白发苍苍的老人,还是乳臭未干的孩童,神态都十分快乐。

洞中人瞧见了陌生的渔人,都十分吃惊,大家一起围过来问他从哪里来,渔人如实地跟他们说了。他们听完,都热情地邀渔人到自己家里做客。渔人跟一个人回到家里,那家人就忙着杀鸡、摆酒、做饭。不一会儿,许多村里的人来了,向他问这问那的……渔人问他们是怎样到这个地方来的,他们就一五一十地告诉了他:

原来,很早很早以前,他们的祖先正赶上秦朝的战乱,他们的祖先便合村一起来到这个地方,以后再也没有出去过,于是便和外面的世界隔绝了。

渔人听了他们的叙述,十分惊叹,问:"你们知道现在是什么朝代吗?"

他们只知道祖先逃难出来的时候是秦朝,往下连汉朝都不知道,更不知道魏国和晋朝了。渔人把外面发生的事情,朝代的更迭讲给他们听,他们都十分新奇。

渔人在这家吃过饭,别人家也争着请他去。每家人家都拿出好的酒菜招待他。过了好多日子,渔人要回去了,桃花源里的人,嘱咐他说:

"这里的情况,您千万别跟外面的人说啊!"

渔人告辞以后,从那地方出来,仍旧顺着他来的路往回走,他留着个心眼,在沿路上做了好几个记号。

渔人回到武陵,马上跑到郡衙,向太守详细地报告了他的见闻。太守派人跟着他来到桃花林、沿小溪源头往里走,一路走一路找他原来做的记号。结果迷失了道路,再也没有找到原来的记号,找不到那个美好的世外桃源了。陶渊明根据这个故事,写了一篇名作《桃花源记》,"不知有汉,无论魏晋"便是这篇名作中的名句。

赏 析
shang xi

　　"不知有汉,无论魏晋。"这一句话成了脱离时代,与世隔绝的象征。这是陶渊明虚构的一个宁静安乐的世外桃源,那里没有压迫、没有战乱,人人安居乐业、自由安乐,彼此和睦相处。这是一个与黑暗现实社会相对立的美好境界,寄托了陶渊明的社会及政治理想,也反映了当时人民的美好意愿。

不入虎穴,焉得虎子

【名句】

bú rù hǔ xué　　yān dé hǔ zǐ
不 入 虎 穴①,焉 得 虎 子②。

【出典】
南朝宋范晔《后汉书·班超传》。

【注释】
①虎穴:老虎洞。
②焉:怎么。虎子:小老虎。

【译文】
不进入老虎洞,怎么能捉住小老虎。

【原作】
超曰:"不入虎穴,焉得虎子。当今之计,独有因夜以火攻虏,使彼不知我多少,必大震怖,可殄尽也。灭此虏,则鄯善破胆,功成事立矣。"

【作者小传】
范晔(398~445),南朝宋史学家、文学家。字蔚宗。南阳顺阳(今河南淅川西南)人。少好学。曾任尚书吏部郎,元嘉初年任宣城太守。后迁左右将军、太子詹事。元嘉二十二年(445),因牵涉谋立彭城王案,被杀。

宋文帝元嘉九年(432),范晔因为"左迁宣城太守,不得志,乃删众家《后汉书》为一家之作",开始撰写《后汉书》。《后汉书》是一部记载东汉历史的纪传体史书。全书包括十纪、八十列传及八志,记载了从汉光武帝元年(25)至汉献帝建安二十五年(220)共196年的史实。与《史纪》、《汉书》、《三国志》合称"前四史"。令人遗憾的是,至元嘉二十二年(445)他以谋反罪被杀止,仅写成了十纪、八十列传,原计划作的十志,未及完成。今本《后汉书》中的八志三十卷,是南朝梁刘昭从司马彪的《续汉书》中抽出来补进去的。

《后汉书》意精旨深,文辞隽美。《范滂传》、《班超传》等传记生动感人,为散文名篇。《后汉书》第一次在史书中设"文苑传",对后世史书影响甚大。原有集,已佚。

班超是东汉时期有名的大将,他作为东汉王朝的使者,曾在西域活动了三十年,帮助西域各族摆脱匈奴的束缚和奴役,为东汉王朝开发西域立下了很大的功劳。

公元73年,班超受大将窦固派遣,第一次出使西域。他带领三十六名将士首先来到鄯(shàn)善国(今新疆维吾尔族自治区罗布淖尔西北),与鄯善国王商谈建立友好邦交之事。开始,鄯善国王对他们非常热情,过了几天,班超发现鄯善国国王的态度突然变得冷淡起来。这是什么原因呢?向侍者一打听,班超才知道三天前匈奴也派来了使者。由于匈奴使者从中挑拨,因此国王对建立邦交之事左右摇摆。

面对十分险恶的形势,班超立即召集将士商讨对策。他说:"不入虎穴,焉得虎子。如今只有连夜消灭匈奴使者,才能断了鄯善国国王投靠匈奴的念头。"

当天夜里,班超率领三十六个壮士,悄悄摸进匈奴使者的营地顺风放起一把大火。匈奴人从梦中惊醒,吓得到处乱窜。班超和三十六名壮士以一当十,奋勇争先,经过一番搏斗,终于全歼了匈奴一百多人。

班超的果敢行动,震动了鄯善全国。鄯善国王见班超如此厉害,马上表示愿意服从汉王朝的命令,永远与汉朝和睦相处。班超胜利完成了使命。"不入虎穴,焉得虎子"便是这个故事中的名句。

赏析

"不入虎穴,焉得虎子。"这是比喻不历艰险,就不能取得重大成就;也常用来说明不深入实际就不能解决问题。同时,它也可说明人们要领略大自然的无限风光,就必须有坚定的意志,顽强的毅力,不畏艰险、不怕困难、勇于攀登的精神。此外,在漫漫的人生征途上,在学业和事业上也是如此,要想取得成就,就要像进虎穴抓虎子一样,要历尽艰险,才能创造辉煌的业绩。

不义而富且贵,于我如浮云

【名句】

bú yì ér fù qiě guì　yú wǒ rú fú yún
不 义 而 富 且 贵①,于 我 如 浮 云②。

【出典】

《论语·述而》。

【注释】

①不义:用不义的手段。
②于我:对于我。

【译文】

用不正当的方法得到的富足和尊贵,在我看来犹如天上的浮云一般。

【原作】

子曰:"饭疏食饮水,曲肱而枕之,乐亦在其中矣。不义而富且贵,于我如浮云。"

【作者小传】(见第2页)

公元前489年,孔子从楚国重返卫国,卫国国君卫国公想委孔子以重任,但是孔子又不合时宜地提出了"正名"的主张。当时,卫国公正在同他的父亲蒯聩争夺君位,孔子所提倡的君要像君、臣要像臣、父要像父、子要像子的"正名"主张,无疑是哪头也不讨好,还哪能被重用呢?当时,连孔子的学生子路,也为老师的这种不识时务的顽固而气恼,粗鲁地指责自己的老师:

"您可真是个迂腐的先生啊!"

孔夫子就是这样一个顽固的老头儿,他不会放弃自己的政治理想,更不会像猫头鹰一样,去吃那些腐烂的死老鼠。他曾经说:

"道不行,乘桴浮于海。"

这句话的意思是说:我的主张行不通的时候,就坐上一个木做的筏子到海外去了。

这正是一个典型的理想主义者的典型方法与行动准则。当他的抱负和理想不能实现的时候,他绝不会去曲意苟且以取得荣华富贵。这也正是一个一心希望创建理想政治局面的理想主义者,与那些以求取功名富贵为目标而关心政治的人的最大不同之处。

晚年的孔子,一心致力于教育事业。有一次,他对弟子说:

"吃着粗菜,喝着清清的水,再枕着自己的胳膊睡上一觉,这真是极大的乐趣啊!那种用不义的手段得到的荣华富贵,对于我来说,就像天上的浮云一样啊!"

"不义而富且贵,于我如浮云。"这句话就是《论语·述而》中的名句。

 **赏 析**
shang xi

"不义而富且贵,于我如浮云。"这是孔子看待和求取富贵的具体原则,即须合于"义"与"仁道",违此而获,则被视如过眼烟云之不足取。同时亦表明其于清贫生涯甘之如饴、安贫乐道的生活态度与襟怀。

中国的传统文化认为,在艰苦的环境下,要体会到乐趣就要安于清贫的生活,但是对用不义的手段去获得权力和财富,要看得像浮云一样。孔子的这个思想与孟子"富贵不能淫,贫贱不能移,威武不能屈"的坚定意志,给后代追求理想的人们以巨大的鼓舞。"富贵于我如浮云"也成为后世知识分子追求理想境界而蔑视荣华富贵的一种宣言。

不为五斗米折腰,拳拳事乡里小人

【名句】

bú wèi wǔ dǒu mǐ zhé yāo　quán quán shì xiāng lǐ xiǎo rén
不 为 五 斗 米 折 腰①, 拳 拳 事 乡 里 小 人②。

【出典】

唐房玄龄《晋书·陶潜传》。

【注释】

①五斗米:指微薄的官俸。
②拳拳:恭敬、谨慎的样子。小人:指人格和名声卑下的人。

【译文】

我不能为五斗米的俸禄低头哈腰,恭恭敬敬地去侍奉那人格卑下的小人。

【原作】

(陶潜)以亲老家贫,起为州祭酒,不堪吏职,少日自解归。州召主簿,不就,躬耕自资,遂抱羸疾。复为镇军、建威参军,谓亲朋曰:"聊欲弦歌,以为三径之资可乎?"执事者闻之,以为彭泽令。在县公田悉令种秫(shú)谷,曰:"令吾常醉于酒足矣。"妻子固请种粳(jīng),乃使一顷五十亩种秫,五十亩种粳。素简贵,不私事上官。郡遣督邮至县,吏白应束带见之,潜叹曰:"吾不能为五斗米折腰,拳拳事乡里小人邪!"

【作者小传】

房玄龄(579~648),名乔,字玄龄,号乔松。齐州临淄(今山东淄博东北)人。唐代初年名相。房玄龄18岁时，跟随李世民起兵反隋，深得李世民信任。李世民称赞他有"筹谋帷幄，定社稷之功"，封他为中书令。唐武德九年(626)，他参与策划太子李建成与秦王李世民争夺储位的"玄武门之变"，为协助李世民夺取帝位，立下大功，深得李世民赏识，不久就被册封为尚书左仆射和梁国公，综理朝政。

房玄龄不但善于用兵，更善于管理社稷。由于长期战乱，唐初时期，社会经济遭到严重破坏，民不聊生。时任宰相的房玄龄同杜如晦等人，在贞观(626~649)年间，倾心辅佐太宗李世民，总领百司。他擅长制定典章制度，唐代的典章律例基本都是他和杜如晦两人制定的，为唐初安定社会起到了非常重要的作用。同时，他还善于用人，提出"量才授职，务省官员"、"官在得人，不在员多"和"不问贵贱，随材授任"的用人思想。由于他善于谋划，杜如晦善于决断，两人配合得力，人称"房谋杜断"。他为唐初十八学士重要成员，政事之暇多著述，有《高祖实录》二十卷，与高士廉等撰《文思博要》一百二十卷，与褚遂良重撰《晋书》一百三十卷，均流传至今。

晋朝有个大诗人，姓陶名潜字渊明。陶潜博学善读书，诗文都很精妙。虽然家里很穷，房屋很简陋，有时还会断粮，但他天性淡泊开朗，不慕荣利，只是爱喝酒，乡邻知道他的嗜好，常请他喝酒。

陶潜诗文好，品质高，有人举荐他去担任一些中、低级官吏，他总是做了不久又辞职了。最后一次，亲友举荐他去做彭泽县的县令，他去了。到任后，知道县令可以有200亩公田，由百姓代种，收获的粮食就充作县令的官俸。他很高兴，吩咐差吏全部种上酿酒用的小米，说："这样，我每天都能喝到酒了。"他妻子坚决反对，问他："你的一大群孩子吃什么呢？"争论了半天，才留下50亩种做饭用的粮食。

陶潜做县令，为政务求简易，下不扰民，上不奉承。这样的县令上级当然不满意，派了个督邮来视察。

督邮大多数由郡里太守的亲信担任，官儿不大，权力不小。县令的政绩好坏，要经他的口去向郡守禀报，所以县令一定要极力奉承他。

此番来彭泽的督邮，是个名声很坏的小人，陶潜也听说过。当差吏来通知陶潜，要他衣冠整齐地去迎接时，陶潜摇头了，他说：

"我怎能为了五斗米的官俸,去向那个小人低头哈腰呢!"

当天,他就把县令的官印袍冠高挂在大堂上,不辞而别了。

回到家乡,陶潜好像解除了枷锁,好不自在。他看到家里田园都荒芜了,只有青松黄菊,似乎在欢迎他归来。家里还剩下一坛未喝完的美酒,陶潜忙斟了一杯欢然自饮,觉得好像是一只飞得很疲劳的小鸟重新回到自己巢里那样安逸、高兴。

"不为五斗米折腰,拳拳事乡里小人"便是这个故事中的名句。

赏析

"不为五斗米折腰,拳拳事乡里小人。"这是陶潜那种不愿向权贵低头,不愿和卑污小人同流合污的态度。陶潜对权贵,藐视他们,不把他们的富贵、权势、显耀放在眼里,表现出高洁自守、刚正不阿、兼善天下的精神风貌。陶潜胸怀正义,藐视权贵的凛然不可侵犯的大丈夫气概,显示了他人格的伟大与坚强,对后代许多刚直不阿、忠贞不渝的志士仁人产生了积极的影响。

保民而王,莫之能御也

【名句】

bǎo mín ér wàng　　mò zhī néng yù yě
保 民 而 王 ①, 莫 之 能 御 也②。

【出典】

《孟子·梁惠王上》。

【注释】

①保民:安定百姓。王:统一天下。

②莫:没有。御:阻挡,抵抗。

【译文】

爱护百姓,推行王道,就没有谁能够阻挡。

【原作】

齐宣王问曰:"齐桓、晋文之事,可得闻乎?"

孟子对曰:"仲尼之徒,无道桓文之事者,是以后世无传焉,臣未之闻也。无以,则王乎?"

曰:"德何如则可以王矣?"

曰:"保民而王,莫之能御也。"

【作者小传】

孟子(约前 372~约前 289) 战国时期伟大的思想家。名轲,字子舆,鲁国邹(今山东邹城东南)人。

孟子远祖是鲁国贵族孟孙氏,后来家道衰微,从鲁国迁居到邹国。3 岁丧父,孟母将其抚养成人,孟母教子甚严,其"迁地教子"、"三断机杼"等教子故事,成为千古美谈。

孟子师承子思(孔子的孙子),但推崇孔子,认为"自生民以来,未有盛于孔子也"。孟子周游齐、晋、宋、薛、鲁、滕、梁列国,游说他的"仁政"和"王道"思想。但由于当时诸侯各国忙于战争,几乎没有人采纳他的治国思想。所以,他晚年退居讲学,与弟子著书七篇,即为《孟子》。

孟子发展了孔子的学说,在政治上强调"民贵君轻"。哲学上主张人性本善,教育上重视环境对人的影响,经济上宣扬"井田制",对后世影响极大,是儒家最主要的代表人物之一。但孟子的地位在宋代以前并不很高。韩愈的《原道》将孟子列为先秦儒家中唯一继承孔子"道统"的人物,孟子的地位才逐渐提升。北宋神宗熙宁四年(1071),《孟子》一书首次被列为科举考试科目之一,之后《孟子》一书升格为儒家经典。南宋朱熹将其与《论语》、《大学》、《中庸》合为"四书"。元朝至顺元年(1330),孟子被加封为"亚圣公",以后就称为"亚圣",地位仅次于孔子。其思想与孔子思想合称为"孔孟之道"。

周显王四十年(前 329),孟子在齐威王的时候第一次游齐。后来,孟子又出游宋国、滕国和梁国。周慎靓王三年(前 318),孟子离开梁国后第二次出游齐国。

战国中期,齐国是一个南面有泰山、东面有琅琊山、西面有清河、北面有渤海的四面险要的国家。它依山傍海，沃野千里，经济发达，交通便利，实力强盛。齐宣王的祖父齐桓公，曾在齐国国都临淄城西稷门外设立了一座稷下学宫，招徕一大批有谋略的知识分子在这里研究学术、议论政治，为齐国统治者出谋划策。到齐宣王时，齐国达到了鼎盛时期，稷下学宫更加兴旺。孟子到了齐国，对齐宣王实行仁政充满了信心。当时，齐宣王野心勃勃，一心想称霸中原，征服秦、楚等大国和用武力统一天下。孟子通过一番调查研究，认为齐宣王的思想状况是推行仁政理论的障碍，便开始循循善诱地启发他接受和采纳自己的仁政主张。

有一天，齐宣王对孟子说："齐桓公、晋文公在春秋称霸的事迹，您能讲给我听吗？"孟子立意要谈用仁政统一天下的王道，于是回答说："孔子的学生没有讲齐桓公、晋文公称霸的事，所以后代没有流传下来，我也没有听说过。"孟子紧接着用"不得已，我便给您讲述以德服天下的王道"而引出了自己的议题，这就使齐宣王本来想谈霸道的话题扭转了方向。于是齐宣王不由地问："要有怎样的德行才能统一天下呢？"于是孟子干脆地回答说："保民而王，莫之能御也。"

赏 析

"保民而王，莫之能御也。"这句话说明了施行仁政就能统一天下的重要性，这是对夏、商、周到战国时代历代王朝兴衰治乱历史经验的概括和总结，并被以后两千多年封建社会的发展事实所证实。历史证明，统治者为了维护自己的统治地位，在一定程度上做到爱护、安定百姓，社会就会统一、安定和发展；否则，统治者暴虐百姓，社会就分裂、混乱和倒退，腐败的王朝就会被新的王朝所代替，统治者也会落个垮台的命运。

百闻不如一见

【名句】

bǎi wén bù rú yí jiàn
百 闻 不 如 一 见①。

参consistent

【出典】

《汉书·赵充国传》。

【注释】

①百闻:听到了很多。一见:亲眼见一次。

【译文】

从别人那里听说多次,也不如自己亲眼看到一次更可靠。

【原作】

时充国年七十余,上老之,使御史大夫丙吉问谁可将者,充国对曰:"亡逾于老臣者矣。"上遣问焉,曰:"将军度羌虏何如,当用几人?"充国曰:"百闻不如一见,兵难隃(yáo,通"遥")度,臣愿驰至金城,图上方略。"

【作者小传】

汉书,又名《前汉书》,纪传体史书。东汉班固著。共一百二十卷,为我国第一部纪传体断代史。体例上因袭《史记》,仅改"书"为"志",把"世家"并入"列传"。分十二纪、十志、八表、七十列传。武帝以前的纪、传、表大都采用《史记》原文。全书记西汉230年之史事。在塑造人物、表现手法、语言运用等方面都取得很高成就,对后代史学、文学产生了巨大影响,世遂以"班马"、"迁固"、"史汉"并称。从传记文学角度看,此书刻画人物不逊于《史记》。《汉书》对文学史的研究也有一定价值。其人物传记中辑录了大量辞赋和散文,为研究汉代文学保存了珍贵资料。《汉书》本身亦极具文学性。其句法在整齐骈丽之中寓以变化,遣词雅驯工丽,雍容有致,不少文学用语成为后世楷模。此书唐以前已有二十三家注。后以颜师古注本最为畅行,有清武英殿聚珍本、中华书局1962年标点本。

赵充国是西汉陇西上邽(今甘肃天水)人。他对于分布在今甘、青、川一带的匈奴和羌族情况很熟悉,曾率领军队击退匈奴的进犯,平定羌族的叛乱,被封为后将军。

汉宣帝时,赵充国已七十多岁了。皇帝认为他年纪太大,应该退休,就派人去问赵充国谁可以接替他的职务。可赵充国觉得自己年纪虽大,但精力不衰;而且也没有谁比他更了解西北边地和羌族的情况了,就回答说:"要说镇守西北边防,阻止敌人的侵犯,没有人会比我更合适,最好还是我继续干下去!"

宣帝因西羌又在蠢蠢欲动,骚乱边境,召见赵充国,问他:"羌虏最近的情况怎样?该派多少军队去攻打他们?"

赵充国说:"军事上的事不能从远离敌人的地方来估计。我愿意亲自到羌虏活动的地方去实地观察一下,然后再写出具体的方案报告陛下。这件事陛下放心地交给老臣好了,不必担忧!"

赵充国悄悄来到羌虏所在的金城,详细地了解了羌人的兵力和动向,察看了周围地形。他根据实际考察到的敌情制定了作战方案,报告朝廷批准后,很快制止了羌人的骚乱。羌族的首领打了败仗,互相责怪说:"我早说不要背叛汉朝,现在还是赵将军在位,这位老将已经快80岁了,作战经验丰富,特别是对我们这里的情况了如指掌,我们能打得过他吗?"

打了胜仗以后,宣帝很高兴。他问赵充国:"老将军,你靠什么本领能这样料敌如神,百战百胜?"赵充国回答道:"老臣驽钝,并没有什么良谋奇计,不过,臣凡事都遵循一个原则,'百闻不如一见',对敌情的判断,都要亲自看一看,想一想,然后再作决定,不轻易相信传说和汇报,所以能八九不离十。"

宣帝听后很高兴。"百闻不如一见"便是这个故事中的名句。

赏析

"百闻不如一见"这句话,充分体现了赵充国重视调查、实事求是的精神,这正是他在保卫边疆、建设边疆方面取得成功的主要原因。遇到任何事情,亲眼看一看、亲手做一做,获得真切的体会和经验,这是十分重要的,所以,"百闻不如一见",并不限于军事方面,在实际生活中都是这样。现在,人们用这名句表示,听得再多还不如看一遍,也就是说要重视调查研究,掌握第一手材料。

出淤泥而不染, 濯清涟而不妖

【名句】

chū yū ní ér bù rǎn　zhuó qīng lián ér bù yāo
出 淤泥而不染①, 濯 清 涟而不妖②。

【出典】

北宋周敦颐《爱莲说》。

【注释】

①淤泥：泥淖。

②濯：洗。清涟：清水。妖：美丽不庄重。

【译文】

莲花从污泥里生长出来，都不沾染污秽；在清水里洗涤过，但不显得妖艳。

【原作】

水陆草木之花，可爱者甚蕃。晋陶渊明独爱菊，自李唐来，世人甚爱牡丹；予独爱莲之出淤泥而不染，濯清涟而不妖，中通外直，不蔓不枝，香远益清，亭亭净植，可远观而不可亵玩焉……

【作者小传】

周敦颐(1017~1073)，字茂叔，号濂溪，道州营道县(今湖南道县)人。周敦颐是我国理学的开山祖,濂溪书院是他讲学的讲坛,他的学说对以后理学的发展有很大的影响;他的理学思想在中国哲学史上起了承前启后的作用。他继承《易传》和部分道家以及道教思想,提出一个简单而有系统的宇宙构成论,"无极而太极","太极"一动一静,产生阴阳万物。"万物生而变化无穷焉,惟人也得其秀而最灵。"(《太极图说》)圣人又模仿"太极"建立"人极"。"人极"即"诚","诚"是"纯粹至善"的"五常之木,百行之源也,是道德的最高境界"。只有通过主静、无欲,才能达到这一境界。这在以后七百多年的学术史上产生了广泛的影响;他所提出的哲学范畴,如无极、太极、阴阳、五行、动静、性命、善恶等,成为后世理学研究的课题。代表作为《爱莲说》。有《周子全书》行世。

　　周敦颐自幼专心研读孔子、孟子传下来的儒学,造诣很高。他的为人,不求虚名而求保持自己的志节,不重富贵而重获得百姓的信任,生活上俭朴刻苦而尽量周济穷苦的人。但是,有这样高尚品德的人,在封建社会里是被看成为迂夫子而不可能做高官的。

　　周敦颐曾在南安做过负责刑法的小官。有个老百姓曾经和当地的大官王逵结仇,后来那百姓犯了逃避捐税的罪,这是小罪不该判重刑,王逵却公报私仇,要判他死刑。当地大小近百名官员,大家畏惧王逵的权势,谁也不敢出来挺身反对。周敦颐却坚持认为不该轻罪重判,几次三番当面和王逵讲理。王逵发火了,瞪眼睛吹胡子,高声嚷叫,态度傲慢恶劣,周敦颐却不畏权势,始终从容平静而毫不让步。王逵派人到周家去劝他屈从。而周敦颐理直气壮地说:"以枉杀无辜去取媚上级,敦颐决不干。王大人既然固执己见,敦颐愿即日辞官归乡。"

　　周敦颐一向为同僚、百姓所信服。王逵怕事态扩大,只得取消自己的错误决定并且主动向周敦颐道歉。

　　周敦颐的一些上级,知道他学识精深,愿意从他为师,在官场上是上下属,出了衙门便是师生相称。

　　这时候社会风气很坏,官场上尤其黑暗。周敦颐的学生们常向老师吐露苦水,说随着陋规恶习同流合污,他们的良心上过不去;要进行抵制而力量薄弱,不但没有效果有时还会带来祸患。

　　为此,周敦颐将花的形象比拟为人的品质,以莲的形象比拟为不慕名利、洁身自好的生活态度;以爱莲之情来表达自己对这种生活态度的赞赏和追慕,表达自己对追名逐利、趋炎附势的恶浊世风的鄙视,因而他深有感触地写了这篇咏物抒情、托物寄意的小品散文《爱莲说》,"出淤泥而不染,濯清涟而不妖"便是该文中的名句。

赏 析

　　"出淤泥而不染,濯清涟而不妖。"这两句是作者借莲花的形象来劝喻年轻一代的名句。莲花是从淤泥中成长起来的,但它那美丽娇贵的花朵上,不会被淤泥所污染;它又是经过清澈的水流洗濯后长出来的,但它雍容大方没有一点儿妖媚之态。所以,作者把莲花比作花中的君子,要人们在恶劣污浊的环境中顽强地成长,不受坏习惯的玷污,不做阿谀取媚的人。

成也萧何,败也萧何

【名句】

chéng yě xiāo hé　　bài yě xiāo hé
　成　也　萧　何①,败　也　萧　何。

【出典】

南宋洪迈《容斋随笔·萧何绐韩信》。

【注释】

①萧何:汉高祖刘邦的丞相。

【译文】

韩信成功是由于萧何,失败也是由于萧何。

【原作】

吕后欲召,恐其不就。乃与萧相国谋,绐(dài,欺哄)信入贺,即被诛。信之为大将军,实萧何所荐,今其死也,又出其谋。故俚语有"成也萧何,败也萧何"之语。

【作者小传】

洪迈(1123~1202),南宋史学家、文学家。字景庐,号容斋,别号野处。饶州鄱阳(今江西波阳)人。高宗绍兴十五年(1145)进士,授两浙转运司干办公事。后任秘书省校书郎、吏部员外郎。孝宗乾道六年(1170)知赣州。淳熙十四年(1187)权刑部尚书。光宗初为焕章阁学士,知绍兴府。宁宗嘉泰二年(1202)以端明殿学士致仕。谥文敏。迈与兄适、遵皆以文章取盛名。迈淹通史籍,尤精熟宋代史实,撰《钦宗实录》、《四朝国史》及《容斋随笔》,于历代历史、哲学、文学、艺术多有自得之见。又博采古今异事撰志怪小说集《夷坚志》,又有诗文集《野处猥稿》(后辑为《类稿》)。

韩信原本是楚王项羽帐下的一名小军官。由于项羽对他毫不重视,他就离开楚营,投奔汉王刘邦。可是到了汉营,仍是得不到了解和重用。

有一次,刘邦的丞相萧何遇见了韩信,和他谈了一番话,发觉韩信对天下形势的看法和用兵策略的见解非同一般,是个难得的人才,于是在刘邦面前推荐韩信。可是刘邦并不重视。韩信等了几天,没有回音;他感到很失望,就悄悄离开了汉营。

萧何得知韩信出走,非常着急。心想韩信这个人要是在别的地方得到重用,将来一定会成为汉王的劲敌。他急忙骑上快马,从东门外直追出去。萧何在路上追了一整天,一直到夜里在荒野上找到了韩信,又把他带回了汉营。

后来,萧何又费尽了口舌,终于说服了刘邦,让他拜韩信为大将,统领全军。韩信做了大将之后,屡战屡胜,最后在垓下一战,迫使楚霸王项羽乌江自刎,汉军取得了彻底的胜利。刘邦当上了汉朝的开国皇帝,韩信功大,被封为楚王。

可是,刘邦对韩信很不放心。韩信很会打仗,又带领那么多的军队,一旦造起反来,不就比项羽还难对付吗?

韩信本来无造反的念头,可是一直被刘邦猜疑,还无故地被贬去楚王封号,降为"淮阴侯"。他就派人去和已经起兵谋反的大将陈豨(xī)联系,打算跟他一起造反。

可这事却被人向朝廷告发了。这时刘邦正带兵在外征讨陈豨,吕后连忙把丞相萧何找来商量对策。萧何定下计谋,诈称刘邦打了胜仗,百官上朝向吕后贺喜。韩信本想推病不去,却被萧何硬拉着进宫。等韩信一入宫门,两旁埋伏的武士立刻拥上去把他捆了起来。吕后随即命令武士把韩信押出去斩首。

韩信的成功,是由于萧何的推荐;韩信的失败,也是出于萧何的计谋。因此有"成也萧何,败也萧何"的名句。

赏析
shang xi

"成也萧何,败也萧何。"这是说成事由于萧何,败事也由于萧何。比喻事情的成败、好坏都是由一个人造成。传说有人曾在韩信墓前的祠庙上写过一副对联:"生死一知己,存亡两妇人。"上联"一知己"指的就是萧何。这是因为韩信被刘邦重用出自萧何的推荐,被吕后杀害也出自萧何的计谋。可见韩信的成功和失败是与萧何有密切关系的。这个名句,现在也用来比喻出尔反尔,反复无常。

多行不义必自毙

【名句】

duō xíng bú yì bì zì bì
多　行　不　义　必　自　毙①。

【出典】

《左传·隐公元年》。

【注释】

①多行：多做。自毙：自取灭亡，自己毁灭自己。

【译文】

多做不义的事情，必定要自取灭亡。

【原作】

庄公曰："姜氏欲之，焉辟害？"对曰："姜氏何厌之有！不如早为之所，无使滋蔓。蔓，难图也；蔓草犹不可除，况君之宠弟乎！"公曰："多行不义，必自毙，子姑待之。"

【作者小传】

《左传》又称《春秋左氏传》或《左氏春秋》，是记载春秋时期各诸侯国的政治、经济、军事、外交、文化等方面情况的一部编年体史书。《史记》和《汉书·艺文志》都认为它是孔子的同代人鲁国史官左丘明所作。清代有的学者认为系西汉刘歆改编。近人认为是战国初年人根据各诸侯国史编成。记事起于鲁隐公元年(前722),终于鲁悼公十四年(前454)。书中保存了大量古代史料,文字优美,尤善于描写战争及复杂事件,又善于通过对话和行动表现出人物的性格特点,对后代散文的发展有很大影响。

《左传》分年记事,没有篇名。晋杜预把它按年代顺序分附在《春秋》后面,认为它是用史实来阐述《春秋》经义的。《春秋》记事非常简单,近乎大事表。我们现在看到的《左传》节文的标题,都是后人加的。

春秋时代郑国的国君郑武公有两个儿子。生大儿子的时候,胎儿脚先出来,是难产,所以起名"寤生"。寤(wù),倒着的意思。母亲姜氏很不喜欢他。小儿子叫共(gōng)叔段,姜氏十分溺爱。

武公在世时,姜氏曾多次请求今后让共叔段继承国君的位子。武公不同意。武公死后,寤生做了国君,历史上称为郑庄公。按照母亲的意愿,共叔段被封在位置险要的名叫京的地方。

共叔段依仗母亲的宠容,有夺位的野心,把京的城墙筑得又高又厚,大臣祭仲对庄公说:"京的城墙筑得大大超过制度,这将会对国君造成威胁。"

庄公无可奈何地说:"母亲姜氏要这样做,怎么办呢?"

"姜氏是不会满足京城这块地方的,大王为什么不早点儿设法除掉这一祸害呢?"

"俗话说,多行不义必自毙。共叔段做了不仁不义的事是自找死路,你暂且等着吧!"

共叔段和姜氏看庄公默默忍受,毫无反对和干涉,胆子便越来越大了。他们不断地把京的地盘扩大,把权力伸到封地以外的地方。

庄公的另外两个大臣,公子吕和子封也一再提醒庄公,说共叔段的势力一天比一天扩大,将会制服不了。庄公却静静地说:

"不怕,势力太膨胀了,会自我崩溃。"

最后,共叔段终于造反了,定好日期要来攻打郑国的都城,约好了由母亲姜氏作内应,到时候开城门放共叔段的军队进来。

他们哪里知道,庄公表面上装得若无其事,暗地里,他早就派出许多心腹人在密切监视着共叔段和姜氏的一举一动。

郑庄公接到关于共叔段定期发兵、姜氏将开城接应的报告时，就拍案而起，说："太过分了！"

他派大臣子封率领二百辆战车先一天进攻京，把共叔段打得一败涂地，并把他赶出郑国。

庄公还把母亲姜氏监禁在地牢里，发誓说活着再不愿见到她。后来，大概自己也觉得做得太过火了，才找个机会放姜氏出来，母子重聚。"多行不义必自毙"便是这个故事中的名句。

赏 析
shang xi

"多行不义必自毙。"这是郑庄公对其弟共叔段在其母支持下，谋夺君位时说的话。这句中的"义"，是有阶级性的；现在我们讲的"不义"，一般是指反党、反人民的勾当。"多行不义必自毙"，现在多用于形容反动派或坏人，搬起石头砸自己的脚，坏事干得越多就越孤立，就越增加了加速自己灭亡的条件，这是对恶人的警告。

道听而途说，德之弃也

【名句】

dào tīng ér tú shuō   dé zhī qì yě
道 听 而 途 说 ①，德 之 弃 也 ②。

【出典】

《论语·阳货》。

【注释】

①"道听"句：在道上听到的不可靠的传闻，途中又向别人传说。

②德之弃：从道德来讲，应当抛弃。

【译文】

听到传闻不加考证而随意传播，从道德上来讲，是应当抛弃的。

【原作】

子曰："道听而途说，德之弃也。"

【作者小传】（见第 2 页）

在孔子的学生曾参的家乡费邑，有一个与他同名同姓的人。有一天，那个人在外乡杀了人。结果，"曾参杀了人"的流言便传遍了曾子的家乡。

第一个向曾子的母亲报告情况的是曾家的一个邻人，那人没有亲眼看见杀人凶手。他是在案发以后，从一个目击者那里得知凶手名叫曾参的。当那个邻人把"曾参杀人"的消息告诉曾子的母亲时，并没有引起预想的那种反应。曾子的母亲一向引以为骄傲的正是这个儿子。他是儒家圣人孔子的好学生，怎么会干伤天害理的事呢？曾母听了邻人的话，不惊不忧。她一边安之若素，有条不紊地织着布，一边斩钉截铁地对那邻人说："我的儿子是不会去杀人的。"

没隔多久，又有一个人跑到曾子的母亲面前说："曾参真的在外面杀了人。"曾子的母亲仍然不去理会这句话。她还是坐在那里不慌不忙穿梭引线，照常织着自己的布。

又过一会儿，第三个报信的人跑来对曾母说："现在外面议论纷纷，大家都说曾参的确杀了人。"曾母听到这里，心里骤然紧张起来。她害怕这种人命关天的事情要株连亲眷，因此顾不得打听儿子的下落，急忙扔掉手中的梭子，关紧院门，端起梯子，越墙从僻静的地方逃走了。

从曾子良好的品德和慈母对儿子的了解、信任而论，"曾参杀人"的说法在曾母面前是没有市场的。然而，即使是一些不确实的说法，如果说的人很多，也会动摇一个慈母对自己贤德的儿子的信任。由此可见，缺乏事实根据的流言是可怕的，也正如孔子所说的"道听而途说，德之弃也"这句名句。

 **赏 析** shang xi

　　"道听而途说,德之弃也。"这是孔子强调在学习的时候,遇到知识问题,一定要深入,不可道听途说;同样在做事时也要坚持这一原则。这句名言告诫我们,不管读书做学问,还是提高道德修养、做人处事,应该根据确切的事实材料,用分析的眼光看问题,而不要轻易地去相信一些流言。同时说明,凡事总要调查研究,才能弄清真相,切不可轻信流言,谎言重复千万遍仍然是谎言,但对于听到谎言的人来说却往往会造成一种真实的效果,以致以讹传讹,造成视听混乱,这是值得人们注意的。

大事不糊涂

【名句】

dà shì bù hú tú
大 事 不 糊 涂①。

【出典】

《宋史·吕端传》。

【注释】

①大事:关系重要的事,原则问题上的事。

【译文】

在重大事情上头脑清醒。

【原作】

时吕蒙正为相,太宗欲相端。或曰:"端为人糊涂。"太宗曰:"端小事糊涂,大事不糊涂。"决意相之。

【作者小传】

《宋史》撰修于元朝末年,全书有本纪 47 卷,志 162 卷,表 32 卷,列传 255卷,共计 496 卷,约 500 万字,是二十五史中篇幅最庞大的一部官修史书。

早在元初,元世祖忽必烈就曾诏修宋史,因体例未定而未能成书。元朝末年,丞相托克托主张分别撰修宋、辽、金三史,各自独立,这一意见得到元顺帝的同意,于至正三年(1343)三月开局,三史同时修撰。经过二年半时间,至正五年(1345)十月,《宋史》匆匆成书。《宋史》是在原宋《国史》的基础上删削而成的。两宋时期,史官组织完备,雕版印刷术广泛应用,书籍流传和保存都较为便利,积累了大量史料,这就为元修《宋史》提供了良好的基础。但是由于《宋史》修撰者匆匆急就,在史料的裁剪、史实的考订、文字的修饰、全书体例等方面存在不少缺点,如一人两传,无传而说有传,一事数见,有目无文,纪与传、传与传、表与传、传文与传论之间互相抵牾等,这使它在二十五史中有繁芜杂乱之称。

尽管《宋史》存在不少缺点,但是它卷帙浩繁,仅《列传》就有二千多人,比《旧唐书·列传》多出一倍;叙事详尽,就史料的学术价值而言详胜于略。同时《宋史》的主要材料是宋代的国史、实录、日历等书,这些史籍现在几乎全部佚失了,而《宋史》是保存宋代官方和私家史料最有系统的一部书。

宋太宗任命他的大臣吕端为宰相,主管朝政。吕端性格随和宽容,许多事情都由副宰相寇准和下属官吏去决定,向他请示时,他总是点头称是,很少提出不同意见。

日久以后,人们议论纷纷,说吕端是个没有主见的"糊涂宰相"。这个不大光彩的称号传到吕端那里,吕端还是点头称是。传到宋太宗那里,太宗微笑着说:"你们还不了解吕端。"

当时,党项族首领李继迁侵犯西部边境,两军交战中,宋军俘虏了李继迁的母亲,押解到了京城。那老太太很倔犟,宋太宗厌恨李继迁经常在边疆扰害百姓,决定杀掉他的母亲。太宗把掌握军事的副宰相寇准召来,把这个决定通知了他。

寇准习惯于吕端遇事点头,去通知了他一声,便准备执行。哪知这次出于意外,吕端听了便说:"此事还要商量,请暂缓行刑,容我去朝见天子。"

吕端立即进宫,奏告太宗说:

"志在争霸天下的人往往不顾到父母家人的安危。从前楚霸王项羽捉到了汉高祖刘邦的父亲太公，通知刘邦要烹杀太公。刘邦回答说：'你我曾约为兄弟，我父也就是你父。你要烹杀你父，请君分我一杯羹！'如果当时项羽真的杀了太公，只能激起刘邦全军的义愤和士气，现在陛下杀了李母，李继迁会怎么样呢？"

"朕没有想过。"太宗道。

"李继迁叛逆成性，陛下杀了李母，他一定借此大做文章，鼓励党项人更凶恶地在边境烧杀抢掠，大大增加我边疆百姓的苦难。"

"那么，依你之意呢？"太宗问。

"不如对李母以礼相待，安置在延州地带，好好赡养照料。李母的性命掌握在我们手里，一可以争取李继迁归顺；二可以牵制他不敢过于凶狠地残害百姓；三可以让党项军民知道宋朝的仁德。"

太宗听了大喜，完全接受了吕端的建议。事后，太宗对左右臣僚们说："你们讲吕端是个糊涂宰相，朕却深知吕端小事随和，大事不糊涂。在处理李母这件事上，他多么有主见啊！"

后来，李继迁果然在行动上收敛了许多，而到他儿子执政时，便向宋朝投降了。"大事不糊涂"便是这个故事中的名句。

赏析

"大事不糊涂"，这确实是一种很好的作风。对鸡毛蒜皮的小事，不必斤斤计较，对关系重要的大事却应该坚持原则。因此我们办事要识大体，在原则问题上头脑清醒，旗帜鲜明，态度要明确。清朝扬州八怪之一的郑板桥有句名言："难得糊涂"。这句话跟吕端的"大事不糊涂"有异曲同工之妙，基本精神是一致的。郑板桥主张在生活小事上要糊涂，对家庭、儿孙问题上也要糊涂，但在重大的问题上头脑要清醒。

富贵不能淫,贫贱不能移,
威武不能屈,此之谓大丈夫

【名句】

fù guì bù néng yín　pín jiàn bù néng yí　wēi wǔ bù néng qū　cǐ zhī wèi
富贵不能淫①,贫贱不能移②,威武不能屈③,此之谓

dà zhàng fū
大丈夫④。

【出典】

《孟子·滕文公下》。

【注释】

①淫:扰乱心意。

②移:改变节操。

③屈:挫折志向。

④大丈夫:指有独立自主人格和有作为的男子汉。

【译文】

富贵不能扰乱我的心意,贫贱不能改变我的节操,威武不能挫折我的志
向,这种坚持仁义之道,保持独立自主人格的人,才叫做大丈夫。

【原作】

孟子曰："居天下之广居,立天下之正位,行天下之大道。得志与民由之,不得志独行其道。富贵不能淫,贫贱不能移,威武不能屈,此之谓大丈夫。"

【作者小传】(见第 17 页)

明朝末年,云南武定州(今云南武定县)有个读书人名叫武恬。他自小练就了一门绝技,能够把削得极细的木炭尖烧红了,在只有绒绳粗细的竹筷上作画。人物、花鸟、山水,画什么像什么,实际上是一种独特的火烫微雕艺术。

武恬很穷,但品格高洁,不肯用艺术去卖钱。只看到穷苦乡邻揭不开锅时,才一壶酒一盆炭火,边喝边作画,画好后主动送上门去,让乡邻们去换钱买米过活。有财有势的人花大把金银要买他的火画筷,他总是对来人白上一眼,毫不客气地拒绝。

那时,云南很乱,有一支军队的首领把他抓进军营,强迫他作画。武恬瞪着眼,睬都不睬。满盘的银子他不要,刀架在脖子上他不怕。没奈何,只好打了一顿把他放了。

从此,武恬突然变疯了,常常喝得烂醉,露宿街头,极少有人看到他再作画。但有些病残老人,孤儿寡妇正饥寒交迫、走投无路的时候,清晨起来会发现大门里塞进一副精彩的火画筷。

明朝灭亡了,清朝皇帝在北京登基。一个投降的汉奸做了大官。他捎信给当地县官,要他千方百计找武恬做几双火烫画筷,说明是要作为珍贵礼品献给当朝亲王的。

县官打听武恬爱喝酒,就准备了丰盛的酒席去请他,他摇头不肯来。没办法,只好派差役硬把他拖进了县衙。县官请他入席,席上有酒有菜,还摆着黄灿灿的 20 两金子。可武恬只是笼着双手直挺挺地站在那里瞪眼,县官婉言告诉他,说是京城的大官某某人,要请他作画送给亲王贵人的。武恬一听,干脆躺倒在地上,紧闭双眼,一言不发。

县官等了好半天,再也忍不住了,喝一声"打",四条皮鞭向武恬抽来,直打到衣服破烂,浑身是血,武恬还是咬着牙一声不吭。武恬被关押了三天,这消息传到百姓耳朵里,大家都愤愤不平。县官怕引起骚乱,只好悄悄放了他。

有人说武恬是个疯子,有人说他是怪人。一个原先熟识他的读书人却为他写了篇文章,题名《武疯子传》。文章记叙了武恬的事迹,并且用"富贵不能淫,贫贱不能移,威武不能屈"这句话赞扬他是一个大丈夫。

赏 析

"富贵不能淫,贫贱不能移,威武不能屈,此之谓大丈夫。"这几句是孟子的至理名句。这种"大丈夫"精神,表现了他对个体精神价值的认识。这一大丈夫精神,显示了一种藐视权贵的浩然正气和凛然不可侵犯的独立自主人格。这既是孟子坚守仁义节操的自我写照,又是对中华民族不畏强暴、坚守正义、刚直不阿、英勇奋斗等优良传统的一定概括和总结。孟子高扬的大丈夫气概,成为鼓舞人们为正义而英勇奋斗的精神力量,对后代许多刚直不阿、忠贞不渝的志士仁人产生了积极的影响。

防民之口,甚于防川

【名句】

fáng mín zhī kǒu shèn yú fáng chuān
防 民 之 口①,甚 于 防 川②。

【出典】

《国语·周语上》。

【注释】

①防:阻碍,堵塞。
②甚:超过。

【译文】

防止老百姓说话的危害,比堵塞河川引起的水患还要严重。

【原作】

防民之口,甚于防川。川壅而溃,伤人必多,民亦如之。是故为川者,决之使导。为民者,宣之使言。

【作者小传】

《国语》是我国最早的国别体史书,记载周王朝及诸侯各国之事,主要为记言,故名《国语》。共二十一卷,分《周语》三卷,《晋语》九卷,《鲁语》、《楚语》、《越语》各二卷,《齐语》、《郑语》、《吴语》各一卷,记述了约公元前967年到公元前453年约500年的春秋史。司马迁和班固都认为《国语》是鲁国史官左丘明所作。但是据近人考证,非出自一人一时之手,大约编定于战国。《国语》内容多与《左传》重复,又往往详略互异。文学成就虽不及《左传》,但也不乏精彩篇章,如《勾践灭吴》、《召公谏厉王弭谤》等,故事生动,人物刻画也较成功,"防民之口,甚于防川"尤为至理名言。

公元前9世纪,西周的周厉王在位。厉王暴虐而贪财,任用宠臣荣夷公,疯狂地掠夺百姓的财富,甚至连樵夫砍柴、渔翁捕鱼,都要缴纳很重的赋税。百姓议论纷纷,都诅咒厉王的剥削太重了。

大臣召公知道后,去向厉王进谏,转述了百姓的意见,劝他不要搜刮得太凶。厉王听了很生气,说:"百姓真可恶,敢在背后胡说八道,我有办法制止他们。"

厉王命一个自称能差遣鬼神的卫巫去监视百姓,有谁敢议论厉王、批评朝政的,就杀掉他。一些百姓被处死了,人们不敢在公共场所说话了。熟人在路上相遇,只用眼神来表达彼此心里的意思。

厉王耳朵边清静多了,再听不到反对他、批评他的话。他高兴地把召公叫来,得意地说:"看!我把老百姓想说的坏话都制止了,现在,谁也不敢开口了!"

召公叹息着答道:"大王,您只是堵住了百姓的嘴,并不是他们没有说话啊。要知道,堵住百姓的嘴,比堵住江河的出口处还要危险。这就叫'防民之口,甚于防川'。江河被壅塞会冲决堤岸,百姓心里有怨气不让发泄,会造成混乱的啊!"

厉王不听召公的话,依然严厉地监视百姓,不许他们议论国事,不许他们批评征收苛捐杂税的政策。违犯者,立即处死。

过了三年,百姓再也忍受不下去了,城里乡下的人联合起来暴动,围攻王

宫。荣夷公从狗洞里钻出去逃命,厉王也狼狈地逃到一个叫彘(zhì)的地方,再不敢回京城去,后来就死在那里。"防民之口,甚于防川"便是这个故事中的名句。

赏 析

"防民之口,甚于防川。"这名句以川流难于堵塞比喻说明:禁止老百姓批评、讲话必招致严重的祸害。在现实生活中,有些干部报喜不报忧,固然是由于私心作怪;但是,从领导这一头看,好听"喜"而不愿听"忧"。"忧"者,问题也;听"忧",即听问题。高明的领导,不是"防民之口",特别需要了解的正是各种各样的问题。只有对存在的问题胸中有数,才能有针对性地开展工作。对于那些不善于听"忧"的领导来说,应当学一点儿听"忧"的气度和本领。只有善于听"忧",才能耳聪目明,也才能杜绝下级报喜不报忧的毛病。

故天将降大任于是人也,必先苦其心志,劳其筋骨,饿其体肤,空乏其身,行拂乱其所为,所以动心忍性,曾益其所不能

【名句】

gù tiān jiāng jiàng dà rèn yú shì rén yě bì xiān kǔ qí xīn zhì láo qí
故 天 将 降大任①于是人②也,必先苦其心志③,劳其

jīn gǔ è qí tǐ fū kōng fá qí shēn xíng fú luàn qí suǒ wéi suǒ yǐ dòng
筋骨④,饿其体肤⑤, 空 乏其身⑥,行拂乱其所为⑦,所以⑧动

xīn rěn xìng zēng yì qí suǒ bù néng
心忍性⑨,曾益其所不能⑩。

【出典】

《孟子·告子下》。

【注释】

①大任:重大的使命。

②是人:这样的人。

③苦其心志:使他的内心痛苦。

④劳其筋骨:使他的筋骨劳累。

⑤饿其体肤:饿瘦他的身体。

⑥空乏其身:使他身受贫苦。

⑦行拂乱其所为:所行不仁,使他做事不顺当。

⑧所以：用……来。

⑨动心忍性：使他内心警觉，性格坚定。

⑩曾益其所不能：增强他的才能。曾，同"增"。

【译文】

所以上天将要把重大职责降临到某人身上的时候，一定要先使他的意志遭受折磨，使他的筋骨经受劳累，使他的身体肠胃忍饥挨饿，使他全身困苦疲乏，使他的行为总是遭受困扰麻烦，这样，便可使他的心态受到震动，使他的性格更加坚韧，从而增加他们所未具备的能力。

【原作】

舜发于畎亩之中，傅说举于版筑之间，胶鬲举于鱼盐之中，管夷吾举于士，孙叔敖举于海，百里奚举于市。

故天将降大任于是人也，必先苦其心志，劳其筋骨，饿其体肤，空乏其身，行拂乱其所为，所以动心忍性，曾益其所不能。

【作者小传】(见第 17 页)

孟子是儒家学派的代表人物，他认为艰苦的环境，是锻炼有志者的好时机。人要有所作为，成就大业，就必须先在生活、思想和行为等方面都要经受一番艰难甚至痛苦的磨炼。他自然联想到经历艰难困苦之后成就了不平凡事业的名人：虞舜、傅说、胶鬲、管仲、孙叔敖、百里奚等政治家，他们在登上政治舞台、担当大任之前，都曾经饱经忧患，走过一段艰难困苦的人生旅程。坎坷的道路、险恶的环境，使他们的精神和身体受到严峻的考验，意志受到艰苦的磨炼，困难和挫折增长了他们的才干，终于脱颖而出，有所作为，成为历史上的杰出人物。孟子从这六位名人身上清楚地认识到，上天要把一项重大的任务降临到某人身上时，一定要磨炼他的意志，锻炼他的筋骨，使他在生活实践中经受各种各样的考验，甚至有时还要使他的行为受到干扰，使他的作为违背他的心愿；但正是通过这样的考验，才能使他的心志受到震动，性情变得坚韧，才干不断得到增长，为承担大任创造条件。

这时候,孟子又从一个人想到一个国家。国家如果内部没有严格执行法度的大臣和贤士,外部没有敌国与之抗衡,面临着袭扰侵凌的忧患,总是处在平安封闭的状态中,那么这个国家就常常容易灭亡。

因此,孟子为了说明人的成才必经磨难,忧患能使人生存发展,安乐享受让人萎靡而死的道理,于是挥笔写了《生于忧患,死于安乐》的说理文章。"故天将降大任于是人也,必先苦其心志,劳其筋骨,饿其体肤,空乏其身,行拂乱其所为,所以动心忍性,曾益其所不能"便是该文中的名句。

赏析

"故天将降大任于是人也,必先苦其心志,劳其筋骨,饿其体肤,空乏其身,行拂乱其所为,所以动心忍性,曾益其所不能。"这几句是孟子论述经历艰苦环境磨炼才能奋发有为。

在道德修养问题上,孟子强调有志之士为了实现济世救民的宏大志向和担负历史赋予的重任,必须经历艰苦环境的磨炼。

孟子阐述的艰苦环境对人的磨炼,具有深刻的理论意义。它告诉人们,人经过艰苦环境的磨炼,可以劳累筋骨,饥饿肠胃,穷困躯体,增强形体对外部环境的忍耐力和承受力,从而奋发有为。这表明,如果说艰苦环境对形体的影响是外在的,那么,对人心态、性情、能力、思虑的影响则是内在的。人经历艰难困苦双重影响的过程,就是奋发振作和通晓"生于忧患,而死于安乐"人生哲理的过程。孟子这个名言已被古今中外的许多事例所证明,对后世产生了重要影响。

工欲善其事,必先利其器

【名句】

gōng yù shàn qí shì   bì xiān lì qí qì
工 欲 善 其 事①,必 先 利 其 器②。

【出典】

《论语·卫灵公》。

【注释】

①善：用作动词。做好，干好，使其完善。

②利：用作动词。搞好，弄好，使其精良。

【译文】

工匠要把活儿干得好，必须先把工具弄得精良合用。

【原作】

子贡问为仁，子曰："工欲善其事，必先利其器。居是邦也，事其大夫之贤者，友其士之仁者。"

【作者小传】（见第 2 页）

孔子有一个学生端木赐，字子贡，是孔门七十二贤人之一。他善于设辞巧辩，孔子把他列为"言语"科的高材生。有一年，齐国的执政大夫田常，因为国内不服他的人很多，决定攻伐鲁国以树立威信。孔子听后，对学生们说：

"鲁国是我们的父母之邦，祖先的坟墓都在那里，你们为什么不去解除它的危难？"

勇敢的子路首先要求去抵抗齐国军队，孔子不许；子张也提出要去，孔子也不同意；子贡请行，孔子同意了。

子贡请教此行该注意什么，孔子说："仁！"

"请问，在异国他乡怎样达到仁的要求呢？"

"工欲善其事，必先利其器。"孔子先打了个比方，说工匠要做好他的工作，一定要先有锐利的工具。接着又说："住在那个国家，恭敬地对待贤德的当权者，和有道德的人交友。——人的关系和谐了，等于工匠有了好的工具，就能够按你的心意办事了。"

子贡按老师的教导，先到齐国去说服田常，告诉他攻鲁无利可图，而攻吴则对齐国、对他本人大大有好处，田常同意了。最后，子贡再到越国，教越王只以兵器粮草支援吴国抗齐而不出军队——几个大国都卷入了一场混战，而鲁国却避免了被入侵的危险。

子贡凭着他的口才和对列国形势的理解,把任务完成得很好,而齐、吴、越三国实际上都成了他完成任务的工具。

赏 析

"工欲善其事,必先利其器。"这两句是说工匠要把活儿做好,就必须先把工具磨锋利。常用以说明只有事先做好充分准备,工作起来才能卓有成效。后来,人们把"工欲善其事,必先利其器"的含义缩小了,限制在实际的工人、工作、工具三方面的关系上,说服力就更强了。

苟全性命于乱世,不求闻达于诸侯

【名句】

gǒu quán xìng mìng yú luàn shì　bù qiú wén dá yú zhū hóu
苟　全　性　命　于　乱　世①,不　求　闻　达　于　诸　侯②。

【出典】

三国蜀诸葛亮《出师表》。

【注释】

①苟全:姑且保全。
②闻达:出名做大官。

【译文】

只想在乱世中保全性命,不想在诸侯中求显赫名声。

【原作】

臣本布衣,躬耕于南阳,苟全性命于乱世,不求闻达于诸侯,先帝不以臣卑鄙,猥自枉屈,三顾臣于草庐之中,咨臣以当世之事……

【作者小传】

诸葛亮(181~234),三国蜀政治家、军事家、散文家。字孔明。琅邪阳都(今山东沂南县)人。早年孤苦,随叔父诸葛玄依附荆州牧刘表。东汉末隐居南阳隆中,躬耕垄亩,而留心世事。胸怀大志,每自比于管仲、乐毅,被称为"卧龙"。建安十二年(207),刘备屯兵新野,三顾草庐,咨问他当世之事。他提出占领荆州、益州以为基地,联合东吴、北抗曹魏的主张,即世传"隆中对"。后成为刘备军师,辅佐刘备,建立蜀汉政权。刘备称帝后,被任命为丞相。刘禅继位,封为武乡侯,领益州牧。曾六出祁山,兴兵伐魏。建兴十二年(234),病死于武功五丈原军中,谥忠武侯。执法严明,赏罚必信,开诚心,布公道,"善无微而不赏,恶无纤而不贬"(《三国志》本传评)。生平不治产业,鞠躬尽瘁,死而后已,深受百姓拥戴。其文不假雕饰,而情真语挚,文采内蕴。所作《出师表》为传世名篇。

诸葛亮自从父母双亡,由叔父诸葛玄抚养。在东汉末动乱的年代,他随诸葛玄避难荆州,投靠荆州刺史刘表。不久,叔父病死,青年时期的诸葛亮就在襄阳附近的隆中读书耕田,过着隐居生活。他对军阀混战、人民遭殃的现实感到厌烦。因此他当时的心情只想在乱世中保全自己的生命,不想投靠军阀谋求功名。

诸葛亮青年时也爱好文学,在耕读生活中,常常吟诗长啸。他喜欢吟的一首诗是《梁父吟》。据说是他自己创作的。诸葛亮作这首诗,可能是指有才能的人,立功反致招祸,这和他隐居避乱的心情是一致的。

但诸葛亮其实并不甘心寂寞,他也不是志在文学的人。他常自比管仲、乐毅,可见他想干一番统一海内的大事业,像管仲辅佐齐桓公、乐毅辅佐燕昭王一样取得成功。

荆州刺史刘表有好士的虚名,并不是个识才有用的人。诸葛亮在荆州住了几年,并没有引起刘表的注意。当时依靠刘表的刘备,经徐庶的推荐,不计较诸葛亮的年轻和没有名望地位,三次求访诸葛亮,虚心向诸葛亮请教国家大计。诸葛亮才在隆中草庐接待刘备,并且陈述了对当时形势的分析和对统一中原的蓝图。

刘备的"三顾茅庐",对诸葛亮的一生是一个重大的转折。他怀着对刘备知遇的感激心情,结束了他隆中的隐居生活,决心跟刘备驰骋战场。

不久，曹操在平定北方以后，率大军南下。刘表刚死，刘琮献出荆州，向曹操投降。刘备带着荆州残兵向江陵南撤，曹操大军紧追不舍。诸葛亮在这个刘备军事失利的危难时刻，接受了联孙抗曹的使命，促成孙刘联盟。在赤壁之战中，孙刘联军击败曹军，取得大胜。

后来，刘备取得益州，成为蜀汉之主。但蜀汉的基业刚刚开创。吴蜀联盟却因争夺荆州而发生裂痕。东吴孙权偷袭江陵，杀了驻守荆州的关羽。刘备亲自率大军大举攻打东吴，在猇亭之战中，被东吴大将陆逊打得大败。刘备也在懊恨中病死在永安(今四川奉节)。

刘备知道儿子刘禅无能，而诸葛亮忠贞谨慎，所以在临死时，把诸葛亮召到永安，把后事托付给诸葛亮。

猇亭之战后，蜀国的处境十分艰难。不但魏、吴两国在地利、人力上都胜过蜀汉，而且蜀国南部的豪强势力又发生了叛乱。

诸葛亮受托辅政后，修复了吴蜀联盟，在公元225年5月，亲自率领蜀军渡过泸水，深入瘴气侵人的荒凉地区，征服叛军头领孟获，平定南中地区的叛乱，稳定了蜀国的后方。

但对诸葛亮来说，这还仅仅是刘备遗留下的任务的一小半。他更艰巨的责任是要北伐曹魏，平定中原，恢复汉室。

经过两年的准备，兵器装备已经充足，诸葛亮决心亲自出师北伐。当时，后主刘禅已经20岁了，按年龄说，完全可以主持朝政。但后主是个庸碌无能的人，无所作为，还亲近宦官黄皓等小人，这使诸葛亮不能不有后顾之忧。

他在出师之前，对皇宫和丞相府的官员，作了一番安排，责成侍中郭攸之、费祎、侍郎董允，辅佐后主处理宫中的事；派将军向宠，掌握成都的军事；又命长史张裔、参军蒋琬，负责相府政事。诸葛亮认为，这些人都是坚贞可靠，能够以死报国的忠臣。

尽管这样，他还是不放心，所以在出师前夕，他给后主刘禅写了一道奏章，这就是著名的《出师表》，"苟全性命于乱世，不求闻达于诸侯"就是这道奏章中的名句。

赏 析 shang xi

"苟全性命于乱世，不求闻达于诸侯。"这两句中的"苟全性命"，并不是苟

且偷生,而是指在乱世中努力保持自己的德操理想,所谓"不求闻达",是指不愿意去求得有权势诸侯的赏识和使用。

古之学者必有师。师者,所以传道受业解惑也

【名句】

gǔ zhī xué zhě bì yǒu shī　　shī zhě　　suǒ yǐ chuán dào shòu yè jiě huò yě
古 之 学 者 必 有 师①。师 者②,所 以 传　道 受 业 解 惑 也③。

【出典】
唐韩愈《师说》。

【注释】
①学者:求学的人。
②师者:老师。
③道:指儒家之道。受:同"授"。业:指儒家的经典。惑:兼指道和业两方面的疑难问题。

【译文】
古时候求学的人,一定有老师。老师是传授道理、教给学业、解决疑难问题的人。

【原作】
古之学者必有师。师者,所以传道受业解惑也。人非生而知之者,孰能无惑?惑而不从师,其为惑也终不解矣……

【作者小传】
韩愈(768~824),唐文学家。字退之。河阳(今河南孟县)人。祖籍昌黎,也称韩昌黎。晚年任吏部侍郎,谥文,又称韩吏部、韩文公。父母早逝,由哥哥韩会抚育。13岁就能写文章,师从当时名人独孤及、梁肃,他究心古训,潜研经史百家,开始萌发了发扬儒道,倡导古人的思想。一边读书,同时留意古今兴亡治

乱,在政治上树立远大抱负。

贞元十九年(803)写了名作《师说》,这是韩愈系统提出师道的理论。

与当时的柳宗元并称"韩柳",同为中唐古文运动倡导者,被列为"唐宋八大家"之首。文学上主张文以载道,文道合一,"学古道则欲兼通其辞,通其辞者,本忘乎古道者也"(《题欧阳生哀辞后》)。力反六朝以来的骈偶文风,提出以先秦两汉古文为创作标准,"非三代两汉之书不敢观,非圣人之志不敢存"。认为要写出有充实内容的作品,首先应有良好的道德修养,"气盛则言之短长与声之高下者皆宜"。为文既强调创新,"唯陈言之务去"(均见《答李翊书》),又力求平易晓畅。"文从字顺各识职"(《南阳樊绍述墓志铭》),创造出一种清新流畅的新文体,并造就了一大批古文作者。其诗风奇崛雄伟,力求新警,有时流于险怪;又善为辅陈,好发议论,有"以文为诗"之评,对宋诗影响很大,有《昌黎先生集》传世。

韩愈有个弟子叫李蟠,勤奋好学,喜欢钻研。一天,他向韩愈请教问题:

"先生,我们今天所读的书,大多为古代圣人之书,很少有今人著作。为什么古人那么聪明多智,而今人却大多这么愚鲁呢?"

韩愈慢慢地放下手中的诗书,缓慢地说:"是啊,古代出了那么多圣贤,讲了那么多后人永远受用不完的道理,为什么呢?"他顿了一顿,望着李蟠。李蟠陷入了思索,一脸困惑之色。韩愈接着说道:"我们的祖师爷孔圣人,其学问是登峰造极的。至于郯子、苌弘、师襄、老聃他们,其贤能都远远比不上孔圣人,但圣人却甘愿向他们学习。圣人说:'三人行,则必有我师焉。'圣人之所以为圣,全是虚心学习,善于求教的结果啊!"

李蟠是个打破沙锅问到底的学生,他还有不解之处:

"先生,请问像孔子那样的圣人,他向郯子、苌弘那些人学什么呢?"

韩愈很喜欢这样的学生:"学业有专长啊,懂得道理有先后呀!学习别人身上一切优于我的东西啊!这样,博采众人长,集众人之美,就能成大器了。"

"那么,请问老师,今天的人,像我辈等,似乎也都从师学习,但为什么几乎无成大器之人呢?"

韩愈轻松地笑了笑,很赞赏学生的远大志向。他说:"老师,是靠他来传授道理,解答疑难,教授学业的呀!今天的人从师学习,却往往学了小的东西,诸

如仅仅懂得了句读却不解里面的道理,这简直是拣了芝麻,丢了西瓜啊!你自幼好古文,六艺经传都烂熟于心,这很好,还要进一步深究其理。不但要跟我学习,还要注意向同辈人学习,向不如自己的人学习。老师不一定在所有的方面都比弟子贤能,弟子也有超过老师的地方。在拜师学习这个问题上,无贵无贱,无长无少,道理存在的地方也就是老师存在的地方。"

学生恭谦学问,穷追到底;老师循循善诱,不厌其烦,所以韩门弟子很快名噪天下。

韩愈政治上并不得志,但在文学上成就却越来越大。他竭力提倡古文,他认为写文章的目的就是要推行儒家之道,排斥佛教和老子学说,只有用古文才能表现古道。因此,他创作了大量古文。

为了扩大古文运动的影响,韩愈还收了一些写作古文的学生,像李翱、皇甫湜等年龄相近的,也有有志学习古文的青年,像当时只有 17 岁的李蟠。

当时,官场上对这种师生关系抱怀疑态度。一听说谁称呼谁老师,就在背后窃窃私议:

"他们年纪相近,学问也差不多,这算什么老师。"

"某人职位那么低,居然当起老师来,真不害羞!"

"那个人地位倒很高,但称他老师的人,也许是奉承拍马,求提拔吧!"

韩愈听了十分气愤,心想,说这些话连什么是"师道"都不懂,不申明这个道理,还有谁敢传授古道呢?于是,他乘李蟠来向他请教的机会,写了这篇《师说》,"古之学者必有师。师者,所以传道受业解惑也",便是该文中的名句。

 **赏析**
shang xi

"古之学者必有师。师者,所以传道受业解惑也。"这几句从理论上说明了教师的基本职责,从师的重要性以及从师的基本途径,从而有力地抨击了士大夫之流不从师学习的不良风尚。其次,老师首要职责是"传道",而从师主要是"师道",是向老师学习道理。因此,从"闻道"这个角度讲,无论身份的贵贱,无论年龄大小,谁懂得了道理,谁掌握了"道"的真谛,就拜谁为师,向谁学习。这是从师应抱的态度。

好读书,不求甚解,每有会意,便欣然忘食

【名句】

hào dú shū bù qiú shèn jiě měi yǒu huì yì biàn xīn rán wàng shí
好 读 书,不 求 甚 解①,每 有 会 意②,便 欣 然 忘 食。

【出典】

东晋陶渊明《五柳先生传》。

【注释】

①不求甚解:不刻意寻求深奥的解释。
②每有会意:每次有心意相通,领会其意。

【译文】

平时爱好读书,但不过分寻求深奥的解释,往往对书中意义有所体会,便高兴得忘记吃饭。

【原作】

先生不知何许人也,亦不详其姓字。宅边有五柳树,因以为号焉。闲静少言,不慕荣利;好读书,不求甚解,每有会意,便欣然忘食……

【作者小传】(见第 8 页)

东晋末年，朝政混乱。一些有见识的人无法施展他们的抱负。在这动乱的年代里，出现了一位大诗人陶渊明。

在陶渊明28岁那年，他给自己画了一幅自画像：有位五柳先生，不知道是什么地方人，也不知道他的姓名。在他的屋边有五棵柳树，他就拿五柳先生作为自己的别号。

五柳先生性格闲静，平时说话不多，也从不去追求什么高官厚禄。他很喜欢读书，却从不像有些迂腐的书生那样死钻牛角尖。他只是凭着自己的爱好读书。有时读到会意的地方，会高兴得连饭都忘记吃。

他喜欢喝酒，因为家里穷，不能经常买酒喝。亲戚朋友关心他，有时也会备酒请他去喝。他总是喝个痛快。喝醉以后立刻告辞，从来不多作停留。

五柳先生生活十分清苦。他所住的房屋简陋得挡不住风吹日晒，屋子里几乎没有什么陈设。他穿的是破烂的粗布衣服，经常是吃了上顿没有下顿。

虽然这样贫寒，他却是泰然自若，平时写点文章自得其乐，用文章来抒发自己的志向。他已经忘记了世俗间的纷绘得失，只愿就这样度过一生。

陶渊明借古人说的话来赞扬五柳先生，说他不为贫贱而忧虑，不热衷于追求富贵，实在难能可贵。

就这样，陶渊明为了表明自己早期的生活态度，就写了这样一篇自况和实录的文章《五柳先生传》。"好读书，不求甚解，每有会意，便欣然忘食"，便是该文中的名句。

赏 析
shang xi

"好读书，不求甚解，每有会意，便欣然忘食。"这几句说明陶渊明生性爱好读书，但他读书不是死记硬背，不刻意寻求深奥的解释，更不咬文嚼字地穿凿附会，而是能领会其精神实质，难怪他"每有会意"时，便"欣然忘食"了。

祸福无不自己求之者

【名句】

huò fú wú bù zì jǐ qiú zhī zhě
祸 福 无 不 自 己 求 之 者①。

【出典】

《孟子·公孙丑上》。

【注释】

①祸福:灾祸幸福。求:寻求。

【译文】

灾祸或幸福没有不是自己寻求而来的。

【原作】

孟子曰:"仁则荣,不仁则辱。今恶辱而居不仁,是犹恶湿而居下也。……今国家闲暇,及是时般乐怠敖,是自求祸也。祸福无不自己求之者。"

【作者小传】(见第 17 页)

公元前 318 年,孟子第二次来到齐国。孟子向齐宣王宣传仁政主张时,首先把是否实行仁政与荣辱联系起来,认为国君如能实行仁政,就会得到荣耀;相反,就会遭受屈辱。孟子指出:"人人都具有喜好荣耀,厌恶屈辱的心理,但仅仅具备这一心理还是不够的,必须采取各种有力措施,才能达到目的。当今的国君,虽然厌恶屈辱,却全不实行仁义,这就像厌恶潮湿而仍然处在低洼的地方一样。要改变这种状况,就应该在厌恶屈辱心理的基础上,崇尚仁义道德,尊

重士人,让有德行的人具有官职,有才能的人具有相应的职务。这样,有德行的人担任官职,就能匡正国君而形成良好的社会风俗;有才能的人具有相应的职务,就能治理好国家政事。国家没有内忧外患,正是大有作为的好时机。趁此修明政治法典,努力使国家强盛,即使强大的邻国也会畏惧它。《诗经》上说:'趁着天没下雨云没起,桑树根上剥些皮,门窗全部都修理。下面的人们,谁敢把我欺!'孔子说:'做这首诗的人,很懂得道理呀!能治理好国家的人,哪一个敢欺侮他呢?'"

于是,孟子接着说:"现在国家虽然没有内忧外患,但国君却怠惰追求逸乐,纵欲偷安,这等于自己寻求祸害。"在这基础上,孟子提出了"祸福无不自己求之者"的名句。

赏析

"祸福无不自己求之者",这就是说灾祸或幸福都取决于自己。《尚书·太甲》说:"上天降灾,还可躲避;自招祸灾,无法逃开。"就是指这种情况。孟子这名句强调发挥人的主观能动作用,告诫人们只有积极努力,奋发向上,加强道德修养,才能趋福避祸,这对激励人们积极进取,防患于未然,具有深刻的启示作用。

兼听则明，偏信则暗

【名句】

jiān tīng zé míng   piān xìn zé àn
兼 听 则 明①，偏 信 则 暗②。

【出典】

北宋司马光《资治通鉴》。

【注释】

①明：明白清醒。
②暗：不明白，糊涂。

【译文】

广泛地听取意见，就会明白清醒；只听信一面之词就会糊里糊涂。

【原作】

上问魏徵曰："人主何为而明，何为而暗？"对曰："兼听则明，偏信则暗。"

【作者小传】

司马光(1019~1086)，北宋史学家、文学家。字君实，号迂叟，谥文正。陕州夏县(今属山西)涑水乡人，故又称"涑水先生"。神宗即位时，为翰林学士，因反对王安石变法，乃求外任。熙宁三年(1070)出知永兴军，后改判西京御史台。居洛阳十余年，编修《资治通鉴》。巨著《资治通鉴》不仅于史料"网罗宏富"，而且构思精密，语言简洁洗练；既对历史作客观记载，亦不乏文学情采。其中"赤壁之战"、"淝水之战"、"李愬雪夜入蔡州"等章节，犹为世所传诵。其他如《谏院题名记》、《乞罢陕西义勇札子》、《陈三德上殿札子》等，内容充实，感情执着强烈。词今存三首，亦清新疏淡。论诗专著《续诗话》，品第诸诗极精密，有独到之处。著述宏富，除主编《资治通鉴》二百九十四卷外，其他主要有《稽古录》二十卷、《涑水纪闻》十六卷、《温国文正司马公文集》八十卷等传世。

　　唐太宗李世民在登基之前，比较能注意生活俭朴、爱惜财物，对手下文武官员也很尊重，经常接受他们的意见。到了贞观二年(628)，天下太平，太宗不免就渐渐地追求起奢华的生活享受来。

　　皇帝身旁，总不免有些善于奉承拍马的奸邪小人，他们便迎合着进言：

　　"陛下鞍马辛劳了半生，也应该享一享贵为天子的清福！应该在洛阳造一座舒适的行宫，空闲时可以出巡休憩，保养身体。"

　　太宗很听得进，便下旨征发民工，拨国库银两修建洛阳行宫。

　　给事中张玄素知道后奏告说："从前平定洛阳的时候，陛下曾经下令拆毁隋朝奢侈宏丽的宫室。时间不到十年，现在又要重建行宫，学起隋朝的样子来了。陛下为了个人的安乐，役使天下受尽苦难的百姓，这跟隋朝有什么两样？甚至比隋炀帝还坏！"

　　唐太宗有点儿听不下去了，反问说："你说我连隋炀帝也不如，那比起桀、纣来怎样？"

　　桀、纣是历史上有名的暴君，唐太宗说的是气话。谁知张玄素毫不畏惧地顶撞说："要是行宫一定要造，我看就跟桀、纣差不多！"

　　唐太宗听张玄素把自己比作桀、纣，大为恼怒，便把魏徵召来，详谈事情的经过，要商量定张玄素一个诽谤顶撞的罪。

　　魏徵早就知道这件事情。此刻，他从容地回答道：

　　"陛下，我们不谈暴君桀纣，而谈古代的圣君尧舜好不好？尧经常亲自到各地去倾听百姓的意见；舜定期让十二州的首领来当面评论自己的施政得失。这些意见或评论，当然有正确的，也有错误的。尧舜听得多听得广，有了比较，头脑就清醒了。如果只听一方面的意见，就会糊里糊涂、分不清是非。"

魏徵看唐太宗在点头,脸色也缓和了。又说:"关于建造洛阳行宫的事,陛下也听到了两种相反意见,'兼听则明,偏信则暗',我想陛下经过比较,一定会清楚的。至于他们说的话,有的中听,有的不中听,是不该影响说话的实质内容的。"

唐太宗冷静下来想了想,觉得还是张玄素的话正确,便下令停止建造洛阳行宫,并把魏徵说的"兼听则明,偏信则暗"这句话记在宫中的书案上。

"兼听则明,偏信则暗"便是这个故事中的名句。

赏析

"兼听则明,偏信则暗。"这说明听取各方面的意见,才能明辨是非;听取单方面的意见,就要作出错误的判断。历史上,有些贤明的君主,之所以能够耳聪目明,明辨是非得失,是因为能多方面听取意见;相反,有些昏君,之所以昏聩糊涂,作出错误的判断,是因为只听单方面的意见,就信以为真。所以,人们只要广泛听取各方面的意见,就会通晓事理,变得越来越聪明、睿智;如果只听取单方面的平庸、浅薄的意见,就会越来越愚昧。

君子学道则爱人,小人学道则易使

【名句】

jūn zǐ xué dào zé ài rén xiǎo rén xué dào zé yì shǐ
君 子 学 道 则 爱 人①, 小 人 学 道 则 易 使②。

【出典】
《论语·阳货》。

【注释】
①君子:在上位的人。道:指礼乐制度。
②小人:指老百姓。易使:容易使唤。

【译文】

君子学习了礼乐,就会爱人;老百姓学习了礼乐,就容易使唤了。

【原作】

子之武城,闻弦歌之声。夫子莞尔而笑,曰:"割鸡焉用牛刀?"子游对曰:"昔者偃也闻诸夫子曰:'君子学道则爱人,小人学道则易使也。'"子曰:"二三子!偃之言是也。前言戏之耳。"

【作者小传】(见第 2 页)

春秋时期,孔子的一个学生子游在鲁国的武城(今山东费县附近)当县令。武城是个小地方,地处偏远,根本没有学校之类的教育设施。子游当了县令后,决心学他的老师,在武城县办教育。他重金聘请了老师,自己也常去给学生讲学。穷乡僻壤里终于有了琅琅的读书声。

有一次,孔子来到武城看子游。他在街上走,忽听见一阵弹琴唱歌和读书的声音。他很惊奇,就问子游,谁在读书唱歌。子游告诉他,这是他办的学堂,学生们正在读书。

子游满以为老师会夸赞自己,谁知孔子微微一笑说:"杀鸡哪里用得着宰牛的刀呢?在这么个小县城里办教育,真有点儿小题大做。"

子游听了,认真地说:"以前,我听老师说过,君子受了教育,就会有仁爱之心,互敬互爱;一般老百姓,受了教育,也会懂得道理,听从政令,治理起来容易多了。我以为,地方再小,老百姓还是必须受教育的。"

孔子听了子游一番话,立刻向随行的几个学生说:"你们听着,子游的话是对的。刚才我所说的,不过是开玩笑罢了。你们都要像子游那样,时时处处注意教育老百姓啊。""君子学道则爱人,小人学道则易使"便是这个故事中的名句。

shang xi

"君子学道则爱人,小人学道则易使。"这是孔子学生子游说的一句名言。

因为当时的礼乐制度,包括教育,主要是针对贵族的,所以,当子游将礼乐教给一般百姓时,孔子说了"割鸡焉用牛刀",这是一个比喻,意思是说治理这样一个小地方,哪里还用得着施行礼乐教育。当然,孔子这句话不够正确,所以他对身边的学生说:"小伙子们,子游的话是对的。我刚才的话只是和他开个玩笑罢了。"可见,孔子能及时做自我批评,这种精神也十分可贵。

君子无终食之间违仁,造次必于是,颠沛必于是

【名句】

jūn zǐ wú zhōng shí zhī jiān wéi rén　zào cì bì yú shì　diān pèi bì yú shì
君子无 终 食之间 违仁①,造次必于是②,颠 沛必于是③。

【出典】

《论语·里仁》。

【注释】

①终食之间:吃完一顿饭的工夫。违:违背,离开。
②造次:紧迫,仓卒,急迫。必于是:必须这样做。"是",代词。这、此。
③颠沛:本义是跌倒、僵仆。引申为穷困,受挫折,流离困顿。

【译文】

君子是连吃完一顿饭的工夫也不能违背仁德的。即使是在最紧迫的时刻也必须按仁德去做,即使是在流离困顿的时候也必须按仁德去做。

【原作】

子曰:"富与贵,是人之所欲也。不以其道得之,不处也。贫与贱,是人之所恶也;不以其道得之,不去也。君子去仁,恶乎成名?君子无终食之间违仁,造次必于是,颠沛必于是。"

【作者小传】(见第 2 页)

孔子一生贫穷,但他并不反对别人发财;孔子的政治抱负终不得施展,但他又总是寄希望于开明的政治家。有一天,孔子正和弟子们谈论道德问题,一位弟子问:"老师,有学问有道德的人可以不可以追求金钱和地位呢?"

孔子略一停顿,答道:"金钱和地位,这是人人梦寐以求的东西呀。君子为什么不可以希望得到它们呢?当然,君子追求金钱和地位的途径不能与小人相同,如果不择手段地谋取金钱和地位,那么,君子宁愿放弃一切。"

弟子又问:"老师,既然如此,那么君子又怎样才可以摆脱贫贱呢?"

孔子微笑着回答:"贫穷和卑贱是人人所不愿意的啊。难道君子就应该地位下贱,经济窘迫吗?不是的。但我们要说的是,君子应当通过光明正大的手段去摆脱贫穷,而不应当用歪门邪道去达到富贵。"

又有弟子问:"在富贵的诱惑面前,君子如何才能抵御歪门邪道呢?"

孔子正色道:"这就要看我们的人格精神和你的道德力量了。作为君子,哪怕是一顿饭的工夫也不能离开仁德。哪怕在仓促动作的瞬间也不能忘记仁义。如果离开仁义道德,那就谈不上君子之为了。"

赏析
shang xi

"君子无终食之间违仁,造次必于是,颠沛必于是。"这句话的含义和孟子所讲的"富贵不能淫,贫贱不能移,威武不能屈"所蕴含的精神是一致的,表现了孔子对理想忠实不渝、对品格节操高度重视的思想,对后代儒家知识分子追求理想人格产生了深远的影响。

见利思义,见危授命,久要不忘平生之言,亦可以为成人矣

【名句】

jiàn lì sī yì jiàn wēi shòu mìng jiǔ yào bú wàng píng shēng zhī yán yì
见 利 思 义, 见 危 授 命, 久 要 不 忘 平 生 之 言①, 亦
kě yǐ wéi chéng rén yǐ
可 以 为 成 人 矣②。

【出典】

《论语·宪问》。

【注释】

①久要:长久地处于穷困的境遇。平生:平日。
②成人:完人;人格完备、德才兼备的人。

【译文】

只要他见到财利时能想到道义,遇到国家有危难而愿付出生命,长久处于穷困的境遇也不忘记平日的诺言,也就可以成为一个完美的人了。

【原作】

子路问成人。子曰:"若臧武仲之知,公绰之不欲,卞庄子之勇,冉求之艺,文之以礼乐,亦可以为成人矣。"曰:"今之成人者何必然?见利思义,见危授命,久要不忘平生之言,亦可以为成人矣。"

【作者小传】(见第2页)

孔子经常教导弟子们要追求完美的人格。有一次,子路就这个问题请教孔

子:"老师,以您看,怎样的人才可以算得上具有完美的人格呢？"

孔子说:"一个完美的人,应该具备人所能具有的各种优点。比如,在聪明和智慧上要有早先鲁国大夫臧武仲那样的超绝和出众,对事物善于辨明是非,对未来可以预测方向;其次呢,在物欲财富上要有鲁国大夫孟公绰那样的清廉,对名利地位视如流水;然后,还要具有鲁国的勇士卞庄那样的英武之气,敢作敢为;最后一点,就是要像你的同学冉求一样多才多艺,对文学艺术样样通晓,这样才能使自己精通礼乐,长于修养。"

子路听得把眼珠子都瞪大了,在他看来,如此完美无缺的人那简直是神仙了。孔子看出了子路的心理,略停片刻又解释说:"仲由,刚才我说的只是一种理想境界中的完美,在生活中,真正完美无缺的人是不存在的。一般来说,我们只要能够做到见利思义,临危受命,长期贫困而不坠青云之志,这也就可以说是完美无缺了。"

这时,子路才提起精神,并向老师表示:"您看着吧,我将照着这个样子,去努力塑造自己的完美。"

赏 析

"见利思义,见危授命,久要不忘平生之言,亦可以为成人矣。"这几句话是孔子解释怎样才是个完美的人。孔子在谈论要成为一个完美的人,必须要有高度的智慧、深厚的道德涵养、勇敢决断的精神、高度的礼乐修养。这个要求实在太高了,所以孔子又讲现在只要能够"见利思义",即见到对自己有利的事情,先考虑一下是否合情合理,符合仁义;"见危授命",在危险时,接受任命,为完成任务,宁可牺牲自己;同时不管时间多久,都能言行一致,说得到做得到。这样就是了不起的人了,不必要求太高。所以"见利思义"、"见危授命"也成为考验一个人的重要标准。

敬鬼神而远之可谓知

【名句】

jìng guǐ shén ér yuǎn zhī kě wèi zhī
敬 鬼 神 而 远 之 可 谓 知①。

【出典】

《论语·雍也》。

【注释】

①知：同"智"，聪明，智慧。

【译文】

尊敬鬼神却要远离它，不可沉迷于靠鬼神求福，这样就算是智了。

【原作】

樊迟问知。子曰："务民之义，敬鬼神而远之，可谓知矣。"问仁。曰："仁者先难而后获，可谓仁矣。"

【作者小传】(见第2页)

　　樊迟是孔子诸弟子中比较重视实际的一个。一天，孔子到樊迟的宿舍去检查功课，樊迟正在品读《诗经》，师徒二人就政务管理问题展开了讨论。樊迟请教道："老师，对于从政者而言，怎样做才能算得上是聪明呢？"

　　孔子回答："一个好的地方官，首先应该在伦理道德上下功夫啊！如果能使自己属下的百姓通文晓理，人与人之间和睦相处，那他就可以算是一个聪明的人了。"

　　樊迟又问："老师，现在百姓都很相信鬼神，地方官员应该不应该敬仰神鬼呢？"

孔子沉思了半晌，然后才慎重地说："樊迟啊，你问的这可是个大问题，要细说呢，一下子是说不清的。简单说吧，我认为，对于鬼神，你可以采取敬而远之的态度，不要在这方面费什么力气了。做官，还是要靠人的努力和作为，神鬼是靠不住的。"

樊迟进一步求教："老师，那么对于一个地方官来说，他怎样才能称得上是个仁者呢？"

孔子很高兴樊迟这种穷学不厌的精神，拍着樊迟的肩膀说："迟啊，不论做官做到什么地步，都要有一种精神，那就是艰难的事情自己抢着干而不居功，有名有利的事情退居他人之后而不计较，这样的人就可以称得上仁者了。""敬鬼神而远之可谓知"便是这个故事中的名句。

赏　析

"敬鬼神而远之可谓知"，这是孔子在承认有鬼神的前提下，提出对鬼神既不轻慢亦不要予以亲近，这与其在日常生活、社会活动中强调"未能事人，焉能事鬼"的态度是一致的。孔子是个圣人，也是个聪明人，鬼神这个根本不存在的无影无形的东西在中国人心目中有很大影响，孔子也不能避免。所以孔子相信鬼神是存在的东西，但孔子对鬼神采取敬而远之的态度，认为鬼神与人是两路。鬼神是天道的问题，离我们很远。人活着的问题是人道，政治、经济、教育等都是人的事情。孔子认为人间的事情不要以鬼神为主，所以要敬鬼神而远之。

尽信《书》，则不如无《书》

【名句】

jìn xìn shū　　zé bù rú wú　shū
尽　信《书》①，则　不　如　无《书》。

【出典】

《孟子·尽心下》。

【注释】

①尽信:完全相信。《书》:《尚书》,古代儒家经典。

【译文】

完全相信《尚书》的记载,还不如没有《尚书》。

【原作】

孟子曰:"尽信《书》,则不如无《书》。吾于《武成》,取二三策而已矣。仁人无敌于天下,以至仁伐至不仁,而何其血之流杵也?"

【作者小传】(见第 17 页)

　　孟子看到《尚书》中有一篇文章《武成》,记叙周武王灭商的武功和成就。其中写道,周武王的军队与商纣王的军队在牧野会战,商纣王的前军临阵倒戈,攻击后面的军队,因而商纣王的军队败逃,数不清的将士被杀,血流之多竟可以浮起舂杵来。

　　孟子看完这段记叙后很有意见。他说:"完全相信《尚书》,还不如没有《尚书》。"他认为《武成》那一篇文章,可取之处只不过二三页罢了。仁德之人是没有敌手的,可是在《武成》这篇文章中,写到周武王这样讲求仁义的人,讨伐最为不仁的商纣王时,为什么说流了那么多血,以致把舂杵(舂米的用具)都漂起来了呢?

　　"尽信《书》,则不如无《书》",便是该文中的名句。

赏 析

shang xi

　　"尽信《书》,则不如无《书》",这说明孟子对古书的"去伪存真"的批判态度,他不一味地迷信古书。为什么这样说呢?孟子在长期的教育活动中,积累了丰富的教学经验和学习经验,告诫学生读书要深明大义,对书上的记载要采取分析态度,不能盲从。孟子认为《武成》那篇文章中的"血流漂杵"的记载不符合以至仁伐至不仁的历史事实。孟子的主张尽管存有一定的美化圣人的倾向,但中国古代史书因适应当时的政治需要确实存有夸张不实之处。孟子强调"尽信《书》,则不如无《书》",对破除教条主义和清除迷信权威的神秘主义,无疑具有积极的进步意义。

金玉其外,败絮其中

【名句】

jīn yù qí wài bài xù qí zhōng
金玉其外①,败絮其中②。

【出典】

明刘基《卖柑者言》。

【注释】

①金玉:泛指珍宝,比喻华美贵重。
②败絮:破棉絮,比喻腐朽不堪。

【译文】

外表像金玉,内里却尽是破棉絮。

【原作】

观其坐高堂,骑大马,醉醇醴而饫肥鲜者,孰不巍巍乎可畏,赫赫乎可象也,又何往而不金玉其外,败絮其中也哉!今子是之不察,而以察吾柑!

【作者小传】

刘基(1311~1375),明诗文家。字伯温,晚号犁眉公。青田(今属浙江)人。元统元年(1333)进士,授瑞州路高安县丞。后任江浙行省儒学副提举。为当权者压抑,弃官还居青田山中,发愤著《郁离子》以针砭时政。元末所著诗文,大都收入《覆瓿集》,其代表作有《卖柑者言》、《二鬼诗》等。朱元璋下金华,礼聘出山,成为其谋士。明朝建国,任御史中丞兼太史令,封诚意伯。受权臣李善长、胡惟庸排斥,入明仍不甚得志。于洪武四年(1371)赐还乡,郁愤而死。谥文成。入明诗文,收入其子刘仲璟所编的《犁眉公集》。其诗风格沉郁顿挫,不事绮靡,于元末"铁崖体"之外,另树一帜。为文阔深肃括,与宋濂、王祎等共开一代文风。明成化年间,杭州太守张僖等始将上述两集及词集《写情集》、《春秋明经》等统编为《诚意伯集》。

故　事

　　明朝开国皇帝手下有个谋臣刘基,是个聪明博学的读书人,写有好些著名文章传到后世。其中有一篇题名《卖柑者言》,写的是刘基遇到一位卖柑者的事。

　　那一天,刘基在杭州碰到一个卖水果的,他有一套保藏柑子的手艺。他的柑子,大热天大冷天都不会溃烂,放在货架上,颜色金黄,质地像明玉一样,刘基买了一个,剖开一看,内瓤干瘪得像破棉花一样。

　　刘基生气地质问那卖水果的:"你卖柑给人家,难道只能供在盘子里看看吗?凭着它的外表来欺骗人,太不像话啦!"

　　卖水果的人笑着回答:"我从事这一行业多年了,靠它生活。我卖,人家买,一向没有人责备我,你来说些什么啊!"

　　他接着说:"世界上靠外表欺人的多着哩。难道只有我一个?那些全身盔甲、武装齐全的将军,难道真能保卫国家吗?那些纱帽红袍,骑马坐轿的文官,难道真能治理国家吗?他们哪一个不像我的柑子一样,是'金玉其外,败絮其中'呢?"

　　刘基听了一下子无话可答,只能向着那卖水果的干瞪眼。

　　卖水果的却不罢休了,继续说:"先生,你看来是很注意内在质量的,是不愿意受金色玉质的外表所欺骗的。那么,你为什么看不到世上的文臣武将,他们内部塞的都是些破棉絮呢?"

　　刘基退下来仔细想想,卖水果的人所说的好像都是不可抹杀的事实。于是,他对自己说:

　　"是啊,我既然无法去揭露社会上许多人'金玉其外,败絮其中'的事实,又何必去批评这位卖水果的人呢?"

　　刘基回到家里,有感而发,立即挥笔写了《卖柑者言》,"金玉其外,败絮其中"便是该文中的名句。

赏 析

"金玉其外,败絮其中。"这是刘基写的《卖柑者言》中的一句名句。作者看到这柑光彩照耀、质地如玉、金色诱人。但剖开后,一股烟气直冲口鼻,里面干枯得像破棉絮。于是,他由这柑联想到外表好而实质坏的人。因此,对一个人的认识,需要全面考察。首先看他的目的是什么,这样就知道他的动机;其次看他整个行动的经过,最后看他平常做人是安于什么。以这样三个要点去考察人,就可以比较全面地认识人了,不会被他"金玉其外,败絮其中"的现象所欺骗。

橘生淮南则为橘,生于淮北则为枳

【名句】

jú shēng huái nán zé wéi jú　　shēng yú huái běi zé wéi zhǐ
橘　生　淮　南　则　为　橘①,　生　于　淮　北　则　为　枳②。

【出典】

《晏子春秋·内篇杂下十》。

【注释】

①淮:淮河。
②枳:也叫"枸橘",似橘而味酸苦。

【译文】

橘子,生长在淮河以南就叫做橘,生长在淮河以北就叫做枳。

【原作】

晏子至,楚王赐晏子酒。酒酣,吏二缚一人诣王。王曰:"缚者曷(hé)为者也?"对曰:"齐人也,坐盗。"王视晏子曰:"齐人固善盗乎?"晏子避席对曰:"婴闻之,橘生淮南则为橘,生于淮北则为枳,叶徒相似,其实味不同。"

【作者小传】

《晏子春秋》是记叙春秋时代著名政治家、思想家晏婴言行的一部散文著作。

《晏子春秋》共八篇，二百一十五章，全部由短篇故事组成。全书通过一个个生动活泼的故事，塑造了主人公晏婴和众多陪衬者的形象。这些故事虽不能完全作信史看待，但多数是有一定根据的，可与《左传》、《国语》、《吕氏春秋》等书相互印证，作为反映春秋后期齐国社会历史风貌的史料。

晏婴(？~前500)，字平仲，夷维(今山东高密)人。为春秋时期齐国正卿。历仕灵、庄、景三朝，执政五十余年。以节俭力行、谦恭下士著称于时。注意政治改革，关心民事，反对祈福禳灾等迷信。

这部书多侧面地记叙了晏婴的言行和政治活动，突出反映了他的政治主张和思想品格。

齐国的大臣晏婴将要出使楚国。楚王听到报告后，对左右侍从们说：

"晏婴是齐国的著名人物，能言善辩，不久就要到我国来了，寡人想羞辱他一番，你们有什么办法吗？"

楚王左右的人商议了一阵，决定了一个办法，奏告楚王后，楚王高兴地同意了。

过了两天，晏婴果然到了。楚王按礼节接见他，请他在大殿上坐下来谈话。

忽然，左右缚着一个人，吆喝着从大殿下面经过。楚王问：

"这是什么人？"

"齐国人！"左右停步回答。

"犯了什么法？"楚王又问。

"做强盗，犯抢劫罪，被逮住了。"

这时，楚王转身问坐在一旁的晏婴：

"你们齐国人就喜欢抢劫做强盗吗？"

晏婴离开座位恭敬地说：

"臣听说，橘树种在淮河以南，结的果实是很甜的橘子，移植到淮河以北，结的果实就变成酸溜溜的枳了。橘树和枳树的叶子差不多，果实的味道却大不相同——不知道事实是否如此。"

"寡人也听说如此。"

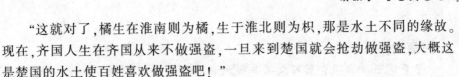

"这就对了,橘生在淮南则为橘,生于淮北则为枳,那是水土不同的缘故。现在,齐国人生在齐国从来不做强盗,一旦来到楚国就会抢劫做强盗,大概这是楚国的水土使百姓喜欢做强盗吧!"

楚王怔住了,接着笑起来说:

"啊!圣贤是不能和他们开玩笑的,寡人自取其辱了。"

他下令释放了那个奉命假扮为齐国强盗的人。

赏析
shang xi

"橘生淮南则为橘,生于淮北则为枳。"这两句据《考工记》载:"橘踰淮而北为枳。""枳木似橘而小,高五六尺,叶如橙多刺,春开白花,至秋成实,七八月采者为实,九月十月采者为壳。"这两句话,用于比喻同一东西,在不同的条件下,可能发生质的变化,人也是如此。这里强调环境对人的重要影响,这对激励人们加强自我修养,发挥人的主观能动性,具有积极的意义。

己所不欲,勿施于人

【名句】

jǐ suǒ bú yù   wù shī yú rén
己 所 不 欲①,勿 施 于 人②。

【出典】

《论语·卫灵公》。

【注释】

①欲:愿意承受。
②施:加给,加在。

【译文】

自己不愿意承受的,不要去加在别人头上。

【原作】

子贡问曰:"有一言而可以终身行之者乎?"子曰:"其'恕'乎!己所不欲,勿施于人。"

【作者小传】(见第2页)

孔子是主张"有教无类"的,意思是说,对受教育者不该分什么贵贱、高下等种类。所以,他的学生中,有贵族,也有贱民,有聪明的,也有愚笨的。

名列"七十二贤"的冉雍(yōng),字仲弓,就出身在一个贫贱家庭,他的父亲没有文化,因此有些人看不起冉雍。孔子却说:

"皮上有杂色的牛不能作祭品,但它所生的小牛犊却可能是赤色的,牛角也长得很正,完全符合祭品的标准,难道也要舍弃?"

冉雍能遇上这样一位老师,学习当然勤奋,成绩很好。几年以后,孔子曾赞扬他道:

"雍的品学才干,完全够得上做一国诸侯的助手,帮着治理好国政。"

冉雍曾向孔子请教:怎样才能算是实践了老师学说中最重要的"仁"字?

孔子对他说了八个字:

"己所不欲,勿施于人!"

后来,冉雍把这句话奉为人生的信条,牢牢记在心中。

"己所不欲,勿施于人!"这八个字看来很简单,其中包含着很深的道理。以国来说,哪一国都不愿意受到侵略和剥削,你就也不要去侵略和剥削别国;以家来说,谁家都不愿意幸福和美满受到破坏,你就不能去破坏别家的幸福和美满;以人来说,你当然不愿意自己在任何方面被伤害,那你就不能去做任何有可能伤害别人的事。可以认为,"己所不欲,勿施于人"正是我国人民传统的道德标准之一,所以一直流传至今,而且还会流传下去。

苛政猛于虎

【名句】

kē zhèng měng yú hǔ
苛 政 猛 于虎①。

【出典】

《礼记·檀弓》。

【注释】

①苛政：残暴的政治。猛于虎：比老虎还可怕。

【译文】

残酷的政治比老虎还要可怕。

【原作】

孔子过泰山侧。有妇人哭于墓者而哀。夫子式而听之，使子路问之，曰："子之哭也，壹似重有忧者。"而曰："然，昔者吾舅死于虎，吾夫又死焉，今吾子又死焉。"夫子曰："何为不去也？"曰："无苛政。"夫子曰："小子识之，苛政猛于虎也！"

【作者小传】

《礼记》，礼仪论著选集。相传为孔子死后其门人所记。各篇写作年代不一。编定成书则在西汉。据东汉郑玄《六艺论》，汉儒戴德删定《礼记》八十五篇，称为

《大戴礼》；其侄戴圣删《大戴礼》为四十九篇，即为今本《礼记》，故又名《小戴礼》。是研究中国古代社会组织、生活习俗、儒家学说和文物制度的重要著作。其中《乐记》篇，对后世文艺思想有重大影响。此书在唐朝被列为"九经"之一，宋列"十三经"中，是士人必读之书，对后代的思想、文学有一定影响。注本有东汉郑玄《礼记注》、唐孔颖达《礼记正义》、清朱彬《礼记训纂》、孙希旦《礼记集解》等。

有一次，孔子与子路乘车出行。路过人烟稀少、草木荒芜的泰山脚下时，听见有妇女的哀哭声。循声望去，他们看见一个身着孝服的妇女跪在几座坟墓之间不住地哭泣。其中一座坟墓显然刚筑不久，土色还很新。

孔子很惊异，便让车子停下，俯身扶着车前的横木仔细地倾听了一会儿，示意子路上前询问。

子路下车走上前去，施礼问道：

"这位大嫂，听您的哭声，似乎内心有说不尽的伤心事，不知我们能否相助您？"

妇女止住哭声，抬起头来：

"多承关注，我的确连遭不幸，难以抑制我伤心之泪。"

妇女顿了顿，接着说道：

"我家就住在附近，这儿荒山野外常有猛虎出没。前几年我公公被老虎咬死，第二年我丈夫也被老虎吃了，现在我的儿子又命丧虎口，亲人们都猝遭横死，我怎么不哀伤呢？"

说完，又止不住抽泣起来。

这时，孔子在车上忍不住问道：

"那么请问您为什么不离开这里到别处去住呢？"

"老先生，"妇人抬起头回答："这里虽然有猛虎伤人，却是官吏不到之处，没有暴政。"

"住在城邑中的百姓，固然不畏虎患，但官府繁重的徭役，无休止的税捐和官吏的盘剥勒索，往往使他们家破人亡，死无葬身之地。猛虎只是隔些日子出来伤人一次，而贪官污吏、苛捐杂税却每日每时都威胁着人的生存，所以我宁愿住在这里也不愿意迁徙到有暴政的地方去。"

孔子听后，呆了半晌，回过头对站在一旁的子路说："子路啊！你要记住，暴政要比猛虎更令人可怕,'苛政猛于虎'啊!"

 **赏 析**
shang xi

"苛政猛于虎。"形容暴政伤民。唐代柳宗元在《捕蛇者说》的篇末又一次重复了孔子这句名言。清代刘鹗《老残游记》第六回:"因天时尚早,复到街上访问本府政绩,竟是一口同声说好,不过都带有惨淡颜色,不觉暗暗点头,深服古人'苛政猛于虎'真是不错。"现在,人们用"苛政猛于虎"这句名言,形容反动政府对人民的残酷压迫和剥削。

克己复礼为仁

【名句】
kè jǐ fù lǐ wéi rén
克 己 复 礼 为 仁①。

【出典】
《论语·颜渊》。

【注释】
①克己复礼:"克",克制,约束,抑制。"己",自己。这里指一己的私欲。"复",回复。"礼",人类社会行为的法则、标准、仪式的总称。包括社会生活中由于风俗习惯而长期形成,又为大家所共同遵守的一整套的礼节仪式,人们相互间表示尊敬谦让的言语或动作;也包括社会上通行的法纪、道德和礼貌。

【译文】
克制自己,使言行举止符合于"礼",就是仁。

【原作】
颜渊问仁。子曰:"克己复礼为仁。一日克己复礼,天下归仁焉。为仁由己,而由人乎哉？"颜渊曰："请问其目。"子曰："非礼勿视,非礼勿听,非礼勿言,非礼勿动。"颜渊曰："回虽不敏,请事斯语矣。"

【作者小传】(见第2页)

　　这是一个夕阳西下的傍晚,弟子们大部分都走了,只留下勤学不倦的颜回还在教室苦思冥想。孔子走过去,怜爱地问道："回啊,你还在想什么问题呢？"

　　颜回不好意思地说："老师,您总教导我们在仁学上多下功夫,可我至今还未搞清楚,究竟什么是仁？"

　　孔子很高兴弟子提出如此深刻的问题,略作思考道："简言之,克己复礼为仁。就是每个人都要克制自己,使自己的言语行动都合乎周礼所规定的礼仪,这便是仁了。"

　　颜回又问："仁的目标如此具体,可实现起来一定很难吧。"

　　孔子耐心回答："说难也不难,仁德的境界非常高尚,但攀登起来也有登峰之日,一旦能够做到克己复礼,天下之人就会称你为仁者了。

　　"这种攀登当然不能借助外力的,只能依靠自我的努力,依靠勤奋的意志和刻苦的学习。"

　　颜回请教仁德的具体内容,孔子答道："首先是不合乎礼的不看,其次是不合乎礼的不听,再其次的是不合乎礼的不说,最后是不合乎礼的事情绝对不去干。这四条,可谓全面了。"孔子说完,把充满希望的目光投向颜回。颜回听后颇受感动,严肃地点点头说："我虽然不够聪明,但这四条却一定可以努力做到。"

　　"克己复礼为仁。"这是儒家自我修养的一种方法。这句话是孔子的名言。联系颜回请教具体做法时孔子的回答,孔子在这里阐述"仁"的问题大致是关于修身的要求,而不是阐述"恢复周礼"的仁政理想。颜回是孔子最器重的学生,他认为颜回已有了"仁者"的素质,所以希望他进一步修习礼仪,加强自我修养,以达到"文质彬彬,然后君子"的程度,成为一个完美的"仁"的实践者。

落霞与孤鹜齐飞,秋水共长天一色

【名句】

luò xiá yǔ gū wù qí fēi　qiū shuǐ gòng cháng tiān yí sè
落 霞 与 孤 鹜 齐 飞①,秋 水 共 　长 天 一 色②。

【出典】

唐王勃《滕王阁序》。

【注释】

①落霞:落日时的彩霞。鹜:鸭子,指野鸭。
②一色:指秋水碧而连天,长空蓝而映水,形成一色。

【译文】

落霞从天而下,孤鹜由下而上,两者于天际齐飞;秋水碧蓝连天,与长空蓝影形成一色。

【原作】

　舸舰迷津,青雀黄龙之轴。虹销雨霁,彩彻云衢,落霞与孤鹜齐飞,秋水共长天一色。渔舟唱晚,响穷彭蠡之滨;雁阵惊寒,声断衡阳之浦。

【作者小传】

王勃(650~676),唐文学家。字子安。绛州龙门(今山西河津)人。祖王通,隋朝学者;叔祖王绩,唐初诗人。兄勔、勮皆具文才,以勃为冠。幼通经书史籍,善为文辞,撰《汉书注指瑕》十卷。王勃在"初唐四杰"(王勃、杨炯、骆宾王、卢照邻)中以寿短而名高,文学成就最显著。诗擅长五律、五绝,"自是唐人开山祖"。杜甫《戏为六绝句》谓"王杨卢骆当时体","不废江河万古流",是为确评。其诗如《送杜少府之任蜀川》、《山中》、《滕王阁诗》、《采莲曲》等,以其内容及形式论,皆冲破齐梁诗与宫体诗之桎梏,有所探索与创造,对近体诗格律的整饬至成熟,多有助益。其文以《秋日登洪府滕王阁饯别序》为传世名作,中以"落霞与孤鹜齐飞,秋水共长天一色"之句惊世。其创作虽未完全脱尽齐梁习气,但已多有风骨声韵兼备之作。有《王子安集》传世。

　　唐高宗上元二年(675),青年诗人王勃在探亲途中,路经洪州(今江西南昌),正遇上滕王阁修建成功,刺史阎伯屿将在阁上大宴宾客,王勃也被邀请了。

　　滕王阁上宾客云集。酒过三巡,阎刺史便请座上名流即席写赋为序,以记新阁修成之盛。其实,他的本意只是要他的女婿吴某来写,借以显才扬名。谁知邀到王勃的时候,他竟拿起纸笔说:"好,让我来试试!"

　　阎刺史满心不悦,想不到这个青年人竟如此狂妄!便和几位宾客离席到阁外栏边观赏江景,一边派了几个书吏看着王勃写文,随写随报。如果写得不好,那可要叫他当众出丑。

　　"豫章故郡,洪都新府。"刚写了开头两句,一个书吏就赶来报告。

　　"老生常谈!"阎刺史哼了一声说。

　　"星分翼轸(zhěn),地接衡庐。襟三江而带五湖,控蛮荆而引瓯(ōu)越。"接下去的几句写滕王阁的地理形势,意境开阔。阎刺史闻报沉吟了一下,没有做声。

　　书吏们来来去去地报了一会儿,阎刺史觉得这个青年人写文章倒也不可小看。

　　"落霞与孤鹜齐飞,秋水共长天一色。"书吏们又报来了王勃刚落笔的两句。

　　"好句!"阎刺史不禁拍栏惊呼。因为此时在他眼前的景色,正是夕阳晚照,天宇清明,彩霞伴着飞鹜,秋水连着长天,一派美好如画的秋日风光。

　　"真是天才,这样的文章可以传之不朽了!"阎伯屿回到席上,连连称赞。等王勃写完全文后,便把他请到上座,像招待贵宾那样热情地款待他。"落霞与孤鹜齐飞,秋水共长天一色。"便是这篇文章中的名句。

赏 析

"落霞与孤鹜齐飞,秋水共长天一色。"这两句意境壮丽,形象鲜明,说出了在栏边观景的阎刺史看到而表达不出的感受。这两句是写景名句,青天碧水,天水相接,上下浑然一色;彩霞自天而下,孤鹜自下而上,彼此相映增辉,构成一幅色彩明丽而又上下浑成的绝妙好图。

老者安之,朋友信之,少者怀之

【名句】

lǎo zhě ān zhī　péng yǒu xìn zhī　shào zhě huái zhī
老 者 安 之①, 朋 友 信 之②, 少 者 怀 之③。

【出典】

《论语·公冶长》。

【注释】

①安之:安康舒适。

②信之:信任、相信。

③怀之:关怀养护。

【译文】

让老人有所养而得到安康舒适,让朋友得到信任,让青年人得到关怀。

【原作】

颜渊、季路侍。子曰:"盍各言尔志?"子路曰:"愿车马衣裘,与朋友共,敝之而无憾。"颜渊曰:"愿无伐善,无施劳。"子路曰:"愿闻子之志。"子曰:"老者安之，朋友信之，少者怀之。"

【作者小传】(见第2页)

一次，孟武伯来拜访孔子，孔子向他谈了自己的仁学思想。当时孔子的弟子都陪伴在旁边，他们英姿飒爽、智慧聪明的神态引起了孟武伯的关注。

孟武伯问子路是个有仁德的人吗？孔子说："不知道。"他又问子路到底怎么样。孔子说："子路这个人，在一个有一千辆兵车的国家里，可以让他主管军事，至于他是不是个仁德的人，我不知道。"

孟武伯又问："冉求这个人怎么样？"孔子说："冉求这个人，千户人口的县邑，可以让他当县长，百辆兵车的大夫封地，可以让他担任总管。但他有无仁德，我也不知道。"

孟武伯又问："公西赤怎么样？"孔子说："公西赤呀，穿上礼服，站立在朝廷上，可以让他负责接待外宾的工作，他有没有仁德，我也不知道。"

又有一天，颜回、子路陪立在孔子身边闲谈，孔子说："你们何不谈谈自己的志向？"

子路是一个非常有豪侠之气的人，胸襟非常开阔，他豪迈地说："我希望把自己的好东西都和朋友分享，就是用坏了也没有关系。"

颜回的性格比较温和且谨慎，他舒缓地说："我希望有好的道德行为和成就，对于社会有善行和贡献，但我不愿意夸耀自己的长处，不表白自己的功劳。"

子路和颜回的回答是一文一武，志向不同。他们说完了，孔子听了以后，还没有说话，子路忍不住了，转而问孔子道："老师，我们愿意也听听您的志向。"

孔子说："我的志向是，让老人有所养而得到安逸，让朋友得到信任，让青年人得到关怀。"

"老者安之，朋友信之，少者怀之。"这是孔子的人生理想，甚至也是大同

社会的景象。老年人无论在精神上还是在物质上，都有所安顿。社会上朋友之间，能够相互信任，人与人之间，没有仇恨与怀疑。年轻人有远大的抱负，有美好的理想和期盼。他表明理想的人格不仅应当具有仁的内在品格，而且要自觉承担社会责任：老者安之，意味着继承前代之业；少者安之，则意味着奠定后代之基。

乐以天下，忧以天下

【名句】

lè yǐ tiān xià   yōu yǐ tiān xià
乐 以 天 下①，忧 以 天 下②。

【出典】

《孟子·梁惠王下》。

【注释】

①乐：与……同乐。天下：指天下的人民。
②忧：与……同忧。

【译文】

国君与天下的人民同乐，与天下的人民同忧。

【原作】

齐宣王见孟子于雪宫。王曰："贤者亦有此乐乎？"

孟子对曰："有。人不得，则非其上矣。不得而非其上者，非也；为民上而不与民同乐者，亦非也。乐民之乐者，民亦乐其乐；忧民之忧者，民亦忧其忧。乐以天下，忧以天下，然而不王者，未之有也。"

【作者小传】(见第17页)

公元前 318 年，孟子第二次出游齐国。有一天，齐宣王在自己的别墅雪宫中会见孟子。他观看着翩翩起舞的乐队，环顾四周美丽的园林风光，洋洋得意地询问孟子说："有道德的贤人也有这种快乐吗？"孟子回答说："有啊！谁有了这种美好的园林风光，都会感到十分快乐，不过一般的百姓享受不到这种快乐，便会埋怨国君了。百姓因享受不到这种快乐，就会责怪国君，这当然是不对的。但作为国君而不能与百姓共同欢乐，也是不对的。国君要以人民的快乐作为自己的快乐，人民也会以国君的快乐为自己的快乐；国君以人民的忧愁作为自己的忧愁，人民也会以国君的忧愁作为自己的忧愁。国君与天下的人民同乐，与天下的人民同忧，如果这样做了还不能实现王道，是绝对不可能的。"

这时，孟子想到齐景公有关娱乐的往事，他接着说："以前，齐景公向晏子问道：'我打算到转附、朝儛二山去游览，然后沿着海岸向南行走，直抵琅邪。我应该如何做才能比得上先王的巡游呢？'

"晏子回答说：'您问得真好啊！天子到诸国去叫做巡狩——巡狩就是巡察各个诸侯国所拥有的疆土。诸侯向天子朝拜称做述职——述职就是汇报自己所担负的职责。没有不跟政事相联系的。春天去视察耕作而补助不足，秋天去视察收成而救济缺粮户。现在却不是这样，国君一出巡，就要下面筹粮筹款，因而饥民吃不上饭，劳动者得不到休息。人们愤怒地侧目而视，都抱怨国君的出游，老百姓只得作恶做坏事。这种巡游违抗天命而虐待百姓，大吃大喝，挥霍浪费有如流水。古代圣王没有流连忘返的游乐，现在要看大王的选择了。'

"齐景公听后很高兴，在国都做了充分准备，然后到郊外住下来，拿出钱粮救济衣食不足的百姓。召来乐官说：'替我创作君臣同乐的歌曲。'""乐以天下，忧以天下"便是这个故事中的名句。

赏 析
shang xi

"乐以天下，忧以天下。"这是强调国君与民同忧同乐是统一天下的前提和基础。孟子强调的国君与民同忧同乐的主张，表现出他反对暴政，深切同情百姓疾苦的思想情感。孟子的这句名句，深深地扎根在中华民族心理之中，成为后世许多思想家、政治家和有志之士批判暴政的有力武器。

老吾老,以及人之老;幼吾幼,以及人之幼

【名句】

lǎo wú lǎo yǐ jí rén zhī lǎo　 yòu wú yòu yǐ jí rén zhī yòu
老 吾 老,以 及 人 之 老①;幼 吾 幼,以 及 人 之 幼②。

【出典】

《孟子·梁惠王上》。

【注释】

①老吾老:这句前面的"老"是动词,尊敬的意思。

②幼吾幼:这句前面的"幼"是动词,爱护的意思。

【译文】

尊敬自己的父母长辈,从而推广到尊敬所有人的父母长辈;爱护自己的孩子,从而推广到爱护所有人的孩子。

【原作】

老吾老,以及人之老;幼吾幼,以及人之幼,天下可运于掌。《诗》云:"刑于寡妻,至于兄弟,以御于家邦。"言举斯心加诸彼而已。故推恩足以保四海,不推恩无以保妻子……

【作者小传】(见第 17 页)

有一天,孟子来到齐国,见到了国君齐宣王。

齐宣王看到侍从牵着一只牛,准备杀了祭祀。那牛害怕得浑身发抖,他看

了心中不忍,就下令放了那牛,用一只羊去代替。

孟子赞扬齐宣王,说这是一种仁心。并且告诉齐宣王说,大王已经以仁心来对待禽兽了,如果用仁心来对待百姓,那就是"王道仁政"了。

"这怎么跟王道仁政联系起来呢?跟百姓有什么关系呢?寡人无法理解。"宣王说。

孟子打比方道:

"有人说,我的力气能够举起三千斤东西,却拿不动一根羽毛;我的眼睛能够看清楚鸟毛末端新长出的绒毛,却看不见一大车木柴,大王相信吗?"

"不相信。"齐宣王说。

"是啊!拿不动羽毛,是因为完全没有用力;看不到大车木柴,是因为闭上眼睛不去看。大王不能把王道仁政施行到百姓身上,也是同样的道理。因为这是大王不去做,不是不能做。"

"不去做和不能做有什么区别呢?"齐宣王问。

"抱起泰山去跨越北海,那是不能做;看到老人走路不便而不愿折根树枝给他当拄杖,那就不是不能做而是不去做。大王不实行王道仁政,就属于不为老年人折枝一类。"

孟子再次运用比方分清了"不做"和"不能"的道理后,就进一步阐述说:

"把对禽兽的仁慈推广为对百姓的仁慈,大王怎么不能做到呢?要知道,推广仁心就能够保护国家;不推广仁心就连妻子儿女都难保。"

"那么,怎样推广呢?"

孟子于是就讲了"老吾老,以及人之老;幼吾幼,以及人之幼"这句名言。

赏析
shang xi

"老吾老,以及人之老;幼吾幼,以及人之幼。"这是孟子关于仁心推广的解释,他认为,给自己的妻子作榜样,推及到兄弟,再推及到治理国家。这就是仁慈之心施加于他人的表现。广施恩惠就足以安抚天下,不广施恩惠,就连自己的妻子儿女也保全不住。古代的圣人之所以大大胜过一般人的原因,就是善于把自己的所作所为推及到别人。

流芳百世,遗臭万年

【名句】

liú fāng bǎi shì　yí chòu wàn nián
流 芳 百 世①,遗 臭 万 年②。

【出典】

《晋书·桓温传》。

【注释】

①流芳:流传美名。百世:比喻时间极其久远。
②遗臭:坏名声留在世上。

【译文】

有益于人民的人,好名声永远传留于后世;坏人死了,坏名声却留在世上,永远受人唾骂。

【原作】

温性俭,每宴惟下七奠盘茶果而已。然以雄武专朝,窥觎非望,或卧对亲僚曰:"为尔寂寂,将为文、景所笑。"众莫敢对。既而抚枕起曰:"既不能流芳百世,不足复遗臭万载邪!"

【作者小传】

《晋书》共一百三十卷,包括帝纪十卷,志二十卷,列传七十卷,载记三十卷,唐房玄龄等撰。它的叙事从司马懿开始,到刘裕取代东晋为止,记载了西晋和东晋封建王朝的兴亡史,并用"载记"形式,兼叙了割据政权"十六国"的事迹。

故事

东晋名将桓温，字元子，是明帝的女婿。他长年南征北战，屡立战功。朝廷封他为大司马，位在诸侯王之上，手握重兵，待遇特殊。

桓温虽位极人臣，权倾一时，但他仍不满足。他一心想收复中原，想以军事上的胜利来建立更高的威望，以便夺取政权，实现做皇帝的梦想。

有一次，桓温在亲信们面前闲谈时，表露了他想当皇帝的想法，众人都不敢答话。桓温本来躺在床上，激动之余，从床上坐起来抚枕说道："大丈夫既不能流芳百世，不足复遗臭万载乎！"意思是说大丈夫如果不能让好名声长久流传，也应当让恶名声在死后留存于世。

公元 373 年，桓温已经 61 岁了，而且身患重病，已经不久于人世。但是，他仍念念不忘称帝的梦想。病危之际，他还命令手下的才子袁宏起草诏书，给自己加九锡（古代帝王赐给有大功或有权势的诸侯大臣的九种物品），好为取代晋帝自当皇帝铺平道路。

后来，因为宰相谢安的坚决抵制，桓温的野心才未能实现。"流芳百世，遗臭万年"便是这个故事中的名句。

赏析 shang xi

"流芳百世，遗臭万年。"这是表彰或唾骂一个人的好与坏名声的名句。"流芳百世"是表彰有益于人民的人，好名声代代流传；而"遗臭万年"则是指坏人死了，坏名声却留在世上，永远受人唾骂。历史上无数的志士仁人，他们胸怀浩然之气，面临艰难危险而能刚直不阿，视死如归，英勇捐躯，谱写了一曲曲惊天动地、可歌可泣的正气歌，这样的人就能流芳百世；相反，历史上那些奸臣、卖国贼只会让人们唾弃，遗臭万年了。

民为贵,社稷次之,君为轻

【名句】

mín wéi guì　shè jì cì zhī　jūn wéi qīng
民 为 贵①,社 稷次之②,君 为 轻 。

【出典】

《孟子·尽心下》。

【注释】

①贵:重要。
②社稷:土神和谷神,国家政权的标志。

【译文】

民众最为重要,其次是土地神和谷神,国君最轻。

【原作】

孟子曰:"民为贵,社稷次之,君为轻。是故得乎丘民而为天子,得乎天子为诸侯,得乎诸侯为大夫。诸侯危社稷,则变置;牺牲既成,粢盛既洁,祭祀以时,然而旱干水溢,则变置社稷。"

【作者小传】(见第17页)

公元前318年,孟子再次来到齐国。

孟子来齐国后,对齐宣王施行仁政充满信心。他利用各种机会向齐宣王宣传"以民为本"的仁政主张。齐宣王也经常召孟子入宫,尊之为长,奉之为师,促膝交谈,聆听教训,对几斟酌,开怀畅饮。

有一次,孟子问齐宣王:"陛下认为,什么是诸侯的宝贝?"

齐宣王讷讷半天,无言以对,最后勉强答道:"珍珠美玉才是诸侯的宝贝。"

齐宣王回答后望着孟子,等待孟子的评论。

孟子理直气壮地对齐宣王说:"诸侯的宝贝有三种:土地、人民、政事。以珍珠美玉为宝者,灾祸必及其身。"

齐宣王听了孟子的回答,脸上露出疑惑的神色。

孟子见状,便循循善诱地对齐宣王说:"在诸侯国中人民最重要,民心向背关系到国家的安危治乱,得民心的人便能得到天下,失民心的人便会失去天下。诸侯国君要保证百姓有足够的土地耕种,使民仰足以事父母,俯足以畜妻子,乐岁终身饱,凶免于死亡,过着安居乐业的生活。人民居于社会的重要地位,他们的生活富庶了,安定了,则必诚心诚意地拥护和爱戴国君,这样上下齐心,君臣一致,国家则必然强大,社会则必然长治久安。"

齐宣王听了孟子的话,点了点头。孟子趁机又问齐宣王:"一国之内,何为贵?"

齐宣王不假思索地脱口而出道:"自然是君为贵。"

齐宣王回答很坚决,很肯定。孟子摇摇头,笑了笑。

齐宣王被孟子笑愣了,惊奇地反问道:"难道我回答错了吗?依夫子高见,一国之内,何为贵?"

孟子严肃地答道:"民为贵,社稷次之,君为轻。"

孟子略一停顿,便接着解释说:"一个人得到百姓的欢心便做天子,得到天子的欢心便做诸侯,得到诸侯欢心的便做大夫。诸侯危害国家,那就改立。牺牲既已肥壮,祭品又已洁净,也依一定时致祭,但是水旱灾害仍然发生,那就要改立土谷之神。"

齐宣王问道:"国君怎样才能取得百姓的欢心呢?"

孟子回答说:"百姓所喜好的,国君替他们聚积起来,百姓所厌恶的,国君不要施行。总之,搞好耕种,减轻赋税,使民富足;按时食用,依礼消费,财物使用不尽。国君治天下,使百姓粮食多如水火,取之不尽,用之不竭,百姓丰衣足食,安居乐业,就会齐心拥护国君。"

齐宣王听了孟子的话,感到茅塞顿开,心中感到非常快乐。"民为贵,社稷次之,君为轻"这一名句就出自这个故事。

赏 析

"民为贵,社稷次之,君为轻。"这是孟子的著名主张。他认为,民心向背关系到国家的兴衰、安危、存亡和天下的得失,把民放在第一位,社稷放在第二位,国君放在第三位。首先,国君轻于民。这是因为获得民心,才能成为天子;得到天子信任,才能成为诸侯;得到诸侯信任,才能成为大夫。否则,失去民心,就不能成为天子。这样,民是国家的根本。君与民相比,君轻于民。其次,国君还轻于社稷。这是因为,诸侯无道,危害国家利益,就要改立贤君,所以君又轻于社稷。

孟子的"民贵君轻"思想,反映了当时社会的进步思潮,对后世产生了重大、积极的影响。

名不正则言不顺,言不顺则事不成

【名句】

míng bú zhèng zé yán bú shùn　yán bú shùn zé shì bù chéng
名 不 正 则言不顺①,言不顺则事不成②。

【出典】

《论语·子路》。

【注释】

①名:名分。
②事不成:难把事情做好。

【译文】

名分不正当说话讲道理就不顺,说话讲道理不顺就难把事情办好。

【原作】

子路曰:"有是哉,子之迂也,奚其正?"子曰:"野哉,由也!君子于其所不知,盖阙如也。名不正则言不顺,言不顺则事不成……"

【作者小传】(见第2页)

孔子师徒滞留卫国期间,恰巧赶上卫国宫廷出了大事,卫灵公死了,他的儿子避难在外,于是孙子即位,这便是卫出公。卫出公受灵公影响,平日便仰慕孔子,于是他一即位,好多人都预测孔子将受到重用。就连子路也迫不及待地问老师:"看来,卫国君主肯定要请您帮他理政了。如果您真的上任,那么您首先要做的是什么呢?"

孔子说:"如果真要我干的话,那首先得正名分呀。当时,卫出公的父亲还在,做儿子的就先继了位,这是与周礼不合的。"

子路连连摇头,也就他敢对先生直言不讳:"老师呀,这您就太迂腐了。有什么正名分的必要呢?卫出公已经继位,这便是铁定事实,莫非您能让他退位不成?"

孔子对子路这番话极为反感,拉长脸训斥道:"仲由,你也太粗鲁了吧。对于你所不理解的道理,应当保留在心中,不要乱发表意见好不好?现在的问题是,一个人名分不正,他说话就没有权威性;没有权威的人,就没有人顺从他,那就什么事情也做不成,又何谈我们的志向——复兴礼乐制度呢?而接下来的问题就是,礼乐制度不能复兴,典章刑罚就不会得当;而典章刑罚不得当,老百姓也就无所适从。"

孔子这一番宏论,环环相扣,推理严密,子路听得心服口服,不断点头。最后,孔子又说:"子路,君子的名分一定要有个道理呀,这样讲话才有权威,当然君子是不能随便讲话的。"

孔子的话,使子路更进一步了解了老师,也使他彻底意识到,孔子师徒在卫国是不会得到重用了。"名不正则言不顺,言不顺则事不成"便是这个故事中的名句。

赏 析
shǎng xī

"名不正则言不顺,言不顺则事不成。"这句话是指做事理由要正当而充分,只有"名正言顺"才能理直气壮。如果不名正言顺,事情就办不好,国家的法律制度就不能兴建起来;国家的法律制度兴建不起来,刑罚的执行就不会恰当;刑罚执行不恰当,人民就手足无措,天下就要大乱,就会不稳定。所以,一定要确定名分,必须说得清楚有理,说了也一定可以行得通。

敏而好学,不耻下问

【名句】
mǐn ér hào xué　bù chǐ xià wèn
敏 而 好 学①,不 耻 下 问②。

【出典】
《论语·公冶长》。

【注释】
①敏:灵敏,领悟快。
②不耻:不认为……可耻。

【译文】
才思敏捷而又喜爱学习,不以向才能不如自己的人学习为羞耻。

【原作】
子贡问曰:"孔文子何以谓之'文'也?"子曰:"敏而好学,不耻下问,是以谓之'文'也。"

【作者小传】(见第2页)

"谥号"是封建社会中王公大臣死后君主根据其生前政绩武功而追赠的称号。有一年,卫国大夫孔圉死后,君主给他的谥号为"文"。子贡得知这个消息后,大惑不解,因为人们都知道,孔圉为官日久,生活上近于糜费,而且好色有名,这样的人,怎么称得上"文"呢?

于是,子贡前来向先生求教:"老师,您觉得孔圉这样的人可以称得上'文'吗?他可是毛病多多呀。"

孔子答道:"孔文子生性聪明,而且勤奋好学,称得上才学过人。但是尽管如此,他又身居要职,好多人像他那样尾巴都翘到天上去了,而孔圉却从不自满,非但不以为满足,反而经常就一些自己不太精通的问题虚心向下面的人求教。他知识渊博,但却能汲取不如他的人的长处,而且丝毫不认为有伤体面,这可以说是'文'最突出的特点。至于其他缺点,又怎么掩饰得了他的超人之处呢?"

子贡这才恍然大悟,明白瑕不掩瑜的道理,孔圉确实无愧于"文"的称号。"敏而好学,不耻下问"便是这个故事中的名句。

赏析
shang xi

"敏而好学,不耻下问",这是孔子在回答子贡问"何以谓之'文'"而说的一句话,强调要虚心好学,要虚心向别人请教。人们用它表示虚心好学,即使向学问比自己差、职位比自己低的人请教,也不以为耻。孔子主张认真进行自我修养的人可以从各种人身上获得启发,得到正面或反面的借鉴。这是孔子的重要的自我修养的方法。这句话也因此为人们所称颂,而这种不耻下问的虚心态度和求学精神,是我们需要发扬和倡导的。

皮之不存,毛将焉附

【名句】

pí zhī bù cún máo jiāng yān fù
皮 之 不 存, 毛 将 焉 附①。

【出典】

《左传·僖公十四年》。

【注释】

①焉:哪儿。附:依附。

【译文】

连皮都没有了,毛还长在什么地方呢。

【原作】

冬,秦饥,使乞籴于晋,晋人弗与。庆郑曰:"背施无亲,幸灾不仁,贪爱不祥,怒邻不义。四德皆失,何以守国?"虢射曰:"皮之不存,毛将焉附?"

【作者小传】(见第 26 页)

春秋时,晋国公子夷吾因为内乱出逃,为了争取秦国的支持,他答应秦惠公,说:"如果秦国帮我回国当上国君,我一定割让五座城池给秦国,作为酬谢。"可是,夷吾在秦惠公的支持下,当上了晋国国君(即晋惠公)后,却没有履行这个诺言。不久,晋国遇到了荒年,粮食歉收,晋惠公向秦国商量购粮的事,秦国没有计较他背信失约,还是慷慨地答应了他的要求。

第二年,秦国也发生了灾荒,刚刚入冬就饿死了人。秦国便派人去与晋国商议,请求购粮,晋惠公却不想答应秦国的要求。大夫庆郑劝道:"你靠秦国做了国君,还没报答;现在人家遇到天灾,你又不予援助;这样背弃恩德,不仁不义,把道德全部丢掉了,将来晋国一旦有难,谁还愿意周济、救援我们?我们还怎样保卫自己的国家呢?"可是另一位大夫、晋惠公的舅舅虢(guó)射却说:"要讲信义,应该早讲。没有割让五座城池,已是大失信义,两国友好关系这个根本问题已遭到了破坏。现在即使答应卖粮给秦国,他们也是不会满意的了。皮都没有了,毛还依附在哪里(皮之不存,毛将焉附)?因此,不如干脆不答应。"

晋惠公听了虢射的意见,便没有采纳庆郑的建议,把秦国的使者打发回去了。庆郑叹了一口气,说:"国君这样做,将来要后悔的。"果然不出他所料,第二年,秦、晋之间发生了战争,晋惠公在战场上做了秦国的俘虏。

"皮之不存,毛将焉附"便是这个故事中的名句。

"皮之不存,毛将焉附。"这句话常用以比喻基础的重要。如果基础没有了,那么建筑在这个基础上的东西也就失去了依附而无法生存。事实上,基础不能忽视,人们要有远大的目光,不能急功近利,一定要顾全大局。搞经济建设是这样,搞教育、治理国家也是这样。领导者应该高瞻远瞩,不能目光短浅,否则的话,忧患便会随时而来。

群臣进谏,门庭若市

【名句】

qún chén jìn jiàn　mén tíng ruò shì
群　臣　进谏①,门　庭　若市②。

【出典】

《战国策·齐策一》。

【注释】

①谏:下级向上级提意见和规劝。

②门庭若市:庭,院子。若:像。市:集市。门前和庭院里如同集市。形容来客众多,非常热闹。

【译文】

群臣踊跃地向朝廷提出各种意见和规劝,一时间,宫廷门前、庭院中提意见的人川流不息,如同热闹的集市一般。

【原作】

王曰:"善。"乃下令:"群臣吏民,能面刺寡人过者,受上赏;上书谏寡人者,受中赏;能谤讥于市朝,闻寡人之耳者,受下赏。"令初下,群臣进谏,门庭若市;数月之后,时时而间进;期年之后,虽欲言,无可进者。

燕、赵、韩、魏闻之,皆朝于齐。此所谓战胜于朝廷。

【作者小传】

《战国策》，简称《国策》，国别体史书。《战国策》是继《国语》之后的一部国别体史书。又名《国策》、《国事》、《事语》、《短长》、《修书》等。作者姓名已不可考，大约只是秦汉间人杂采各国史料编纂而成，后经西汉末学者刘向整理编订，正式定名为《战国策》。全书共三十三篇，分为十二策。此书记载春秋以后至楚汉之起的245年间史事(前453~前209)。内容主要为当时策士、谋臣纵横捭阖的外交活动和有关主张、言辞，广泛地反映了战国时代错综复杂的历史。全书分东周、西周、秦、齐、楚、赵、魏、韩、燕、宋、卫、中山等十二国策。较之其他史书，则显虚构成分多，文学性强，对汉以后的辞赋家、散文家均有深远影响，对后世小说、戏剧创作之作用也巨大。

战国时，齐国著名政治家邹忌，身高八尺，端庄漂亮，受到齐威王的器重，封他为宰相。

齐威王喜欢吃喝玩乐，生活放荡，不理朝政，群臣百姓，怨声载道，国势日渐衰退。

一天，邹忌梳洗穿戴整齐，深感自己气度不凡。问妻子："我与城北徐公谁最漂亮?"妻子说："相国漂亮，徐公不如你。"邹忌似信非信又问妾，妾说："你最漂亮，徐公怎能和你相比啊?"正巧，邹忌家中来了客人，谈话间又问起此事。客人微笑着说："相国最漂亮，可说是举世无双了。"

转天，徐公来访。闲谈中邹忌对徐公仔细端详，他感到从相貌、言谈、体态等诸方面徐公都很高雅脱俗，自己不如徐公美。就此，邹忌反复思考，终于悟出一个深刻的道理。

第二天，邹忌上朝后，就对齐王说："我原来以为自己很美，经过实际观察、比较，我认识到自己确实不如徐公美。可是有些人说我比徐公美，比如妻子、爱妾、客人等。我现在明白了：妻子是偏爱我，妾是惧怕我，客人是有求于我，所以都说我最美。咱们齐国拥有土地几千里，一百二十多个城镇，宫中美女、侍从都偏爱你，朝中官员惧怕你，全国百姓有求于你，他们一味奉承你，吹捧你。在这种情况下，大王你怎能了解到实情呢!目前朝纲混乱，国势日衰，您却时刻都在被蒙蔽之中。长此下去，是很危险的啊!"

齐王大悟,立即下令说:官吏百姓能当面指出我的错误,给上等奖;用笔规劝我,给中等奖;街头巷尾议论我的错误者,给三等奖。命令下达后,群臣百姓踊跃地向朝廷提出各种意见和规劝。一时间,宫廷门前、庭院中提意见的人川流不息,如热闹的集市一样。"群臣进谏,门庭若市"便是该文中的名句。

赏析
shang xi

"群臣进谏,门庭若市。"这说明直言规劝的人很多,反映了我国古代人民在批评与自我批评方面的优良传统。邹忌对待自己有比较严肃的态度,虽然他长得很漂亮,但没有"老子天下第一"的错误思想,还能够实事求是地认识到自己比起徐公来还差得很远。他不是用讲大道理的方式去劝说齐王,而是将自己日常生活亲身体验由近及远,由小到大,由个人的家庭琐事谈到国家大事,进而说明兼听则明,偏信则暗和广开言路的重要性。这样劝说,既不会冒犯尊颜、触怒君王,又能使他易于接受。这句名言,使我们进一步认识到掌握批评与自我批评的重要性。

前事不忘,后事之师

【名句】

qián shì bú wàng hòu shì zhī shī
前 事 不 忘 , 后 事 之 师①。

【出典】
《战国策·赵策一》。

【注释】
①师:借鉴,效法。

【译文】
以前的事情不要忘记,它可以作为今后的借鉴。

【原作】

张孟谈对曰:"君之所言,成功之美也。臣之所谓,持国之道也。臣观成事,闻往古,天下之美同,臣主之权均之能美,未之有也。前事之不忘,后事之师。"

【作者小传】(见第 92 页)

春秋末,智伯、赵、韩、魏四家大夫瓜分了晋国。随后智伯又联合韩、魏进攻赵地,不料就在快攻破赵城晋阳的时候,赵襄子手下的大臣张孟谈乘夜出城说服韩、魏,反过来联合起来,消灭了智伯。从此,韩、赵、魏三家正式成为诸侯。

赵襄子建立赵国后,封赏功臣,其中以张孟谈的封地最多,官职最高。可是,张孟谈却推辞说:"以前晋、齐、秦、楚、燕之所以能牢固地控制政权,最主要的原因就是国君能够驾驭下面的大臣,而不让大臣控制国君。封了侯的人,不宜当宰相;掌握兵权的人,不宜有大夫的职位。这是治国之道啊!现在我愿意交出权力,退还封赏。"

赵襄子失望地说:"为什么呢?赵国刚建立,需要有人帮助。我听说辅佐君王的人,名声要大,地位要高,才能使众人信服。"张孟谈回答道:"大王所说,不过是表示大臣办事是臣获得成功的标志,而不是巩固国家的办法。天下的事都这样,当大臣的希望得到权力,当君主的也希望得到权力,可是哪有那么多的权力呢?不忘记历史的经验教训,今后遇上事情,就可以从容不迫地应付。大王给我的封赏,不是我不想要,而是我没有能力接受。"

赵襄子见张孟谈决然推辞,便难过地走了。

张孟谈辞去封地和官职后,回到家乡亲自耕田种地,世人都称赞他是真正的贤人。

"前事不忘,后事之师"便是这个故事中的名句。

"前事不忘,后事之师。"这说明过去的经验教训很有意义,可以作为以后

办事的借鉴,必须认真汲取。任何人都会犯这样或那样的错误,这并不奇怪,问题的关键在于人们对待错误的态度。如果以前犯了错误,坚持不改,甚至文过饰非,那么就会在错误的道路上愈滑愈远,今后的事当然要办坏。那么对错误的正确态度,就要汲取经验教训,这样才是一个聪明人。

人固有一死,或重于泰山,或轻于鸿毛

【名句】

rén gù yǒu yì sǐ   huò zhòng yú tài shān   huò qīng yú hóng máo
人 固 有 一 死①, 或 重 于 泰 山②, 或 轻 于 鸿 毛③。

【出典】

西汉司马迁《报任安书》。

【注释】

①固:本来,总有。
②或:有的人。
③鸿:大雁。鸿毛:大雁的毛,比喻很轻。

【译文】

人总有一死,有的人死得比泰山还重,有的人死得比鸿毛还轻。

【原作】

假令仆伏法受诛,若九牛亡一毛,与蝼蚁何以异?而世俗又不能与死节者次比,特以为智穷罪极,不能自免,卒就死耳。何也?素所自树立使然也。人固有一死,死或重于泰山,或轻于鸿毛,用之所趣异也。

【作者小传】

司马迁(前145或前135~前87?),西汉史学家、文学家。字子长。夏阳(今陕西韩城)人。司马迁的童年是在家乡黄河边上的龙门山下度过的。10岁时,随父亲司马谈到长安,开始了对古代文献的研读,并直接受学于当时著名儒学大师董仲舒、孔安国。20岁,南游江淮。以后他在任郎中、太史令以及中书令时,或奉旨出使,或陪驾巡幸,游历了更多的地方。这些经历,使他有机会亲身领略祖国壮阔的自然风貌,调查了解许多历史故实,订正和补充文献上的疏漏;也使他有可能接触广大人民的实际生活,增加了他对社会现实的了解。因对李陵军败匈奴有所辩解,得罪下狱,受腐刑。主要作品为《史记》又名《太史公书》,全书一百三十篇,包括十二本纪、八书、十表、三十世家、七十列传。《廉颇蔺相如列传》、《鸿门宴》、《毛遂自荐》、《屈原列传》、《信陵君窃符救赵》等历史散文出于此书。我国第一部纪传体通史,开创本纪、世家、列传、表、书五种体例,被誉为"实录、信史","史家之绝唱,无韵之离骚",史学"双璧"之一,前"三史"、"四史"之首。

司马迁幼年在家帮助务农,10岁时进京城长安读书,20岁开始漫游中国。在父亲司马谈去世的第三年,司马迁继承父志,被任命为太史令,开始写作《史记》这部巨著。公元前99年,司马迁因为替兵败后投降了匈奴的汉将李陵说情,触怒了汉武帝,被处以极其残酷的宫刑。古人常说:士可杀,不可辱。司马迁生性刚烈,多少次痛不欲生,试图一死了之。可是他想到尚未完成的《史记》,又不能不忍辱负重,顽强地活下去,全身心投入繁重艰苦的写作之中。

恰好在这个时候,司马迁的好友任安因为涉嫌参与了太子刘据的兵变而被捕判处死刑。任安在狱中致信司马迁,希望他站出来说句公道话,在皇帝面前营救自己。司马迁鉴于以往的沉痛教训,认为如果这样做只会适得其反,因而对任安的请求十分为难,久久没有答复,只是在得知任安就要被处决时,才给他写了回信。在信中,司马迁以无限激愤的心情,叙述了自己蒙受的奇耻大辱,倾吐了久久郁积在内心的痛苦和悲愤,揭露和批判了封建统治者喜怒无常、是非不明、贤愚不分的罪过。"人固有一死,或重于泰山,或轻于鸿毛"便是这封信中的名句。

赏 析 shang xi

"人固有一死,或重于泰山,或轻于鸿毛。"司马迁这几句话,不仅仅是对任安的劝告,要他打消幻想或悲观念头,坦然地对待死亡;更是对自己的勉励,激励自己即使蒙受世俗偏见的嘲笑,也要顽强地活下去,实现自己的宏大抱负。民族英雄文天祥也说过:"人生自古谁无死,留取丹心照汗青",也是说人都有一死,但要死得其所,死得有意义。如果一个人的生命和无产阶级永葆青春的革命事业联系在一起,那他的死就重于泰山。司马迁这几句名句,从死的意义不相同来衡量其价值,激励人们要死得其所,死得有价值。

人不可以无耻,无耻之耻,无耻矣

【名句】

rén bù kě yǐ wú chǐ　wú chǐ zhī chǐ　wú chǐ yǐ
人 不 可 以 无 耻①,无 耻 之 耻②,无 耻 矣!

【出典】

《孟子·尽心上》。

【注释】

①无耻:没有羞耻之心。
②无耻之耻:把没有羞耻之心看做羞耻。

【译文】

人不能够没有羞耻,若能为自己的无耻感到羞耻,那么就不会再蒙受着羞耻了。

【原作】

孟子曰:"人不可以无耻,无耻之耻,无耻矣。耻之于人大矣。为机变之巧者无所用耻焉，不耻不若人，何若人有？"

【作者小传】(见第 17 页)

从前，齐国有个人，家里有一个妻子和一个小妾。那人每天外出，到晚上总是酒醉饭饱回家。妻子问他和谁在一起进餐，那人所提的都是当地有名的富翁和贵族。

妻子有点儿怀疑，和妾商量说，丈夫每天在外醉饱，他说相交的都是富贵的人，但是，那些人从没有到家里来过。

那小妾也感到可疑。她俩就决定，想办法查一查丈夫究竟每天是上哪儿去的。

第二天早晨，那人又照常出门了。妻子就偷偷地跟在他后面走。经过整条市街，没见一个人停下来同他谈过话，最后，见他出城来到东郊的坟地上。

妻子躲在隐蔽处窥视丈夫的行动，只见他走到祭坟的人跟前，乞讨祭祀剩余的酒食，站在一旁贪馋地吃着。吃完后，抹抹嘴又走向另一个祭坟人的身边，再乞讨，再站着吃喝——妻子明白了：丈夫每晚喝得醉醺醺，打着饱嗝回家，原来是这样做的结果。

妻子看不下去了，一边叹息一边走回家，把这情况告诉了小妾，并且说：

"丈夫是我们依靠的人，想不到他竟是这样一个不争气的人。"

妻子讲不下去了，眼泪向外涌，悲哀地哭泣起来。小妾也觉得又可耻又难受，也一块儿哭泣。

正在这时候，那丈夫像平时一样吃饱喝足，腆着肚子笑呵呵地回来了，一踏进大门就嚷道：

"今日，我和县老爷在一起吃饭，宴席真丰盛，厨师的手艺又十分高明……"

进了屋，他瞥见妻和妾两个都哭成了泪人儿，不禁怔住了，一问，才知道自己吹牛说谎所掩盖的卑污行为已经露馅了。

"人不可以无耻，无耻之耻，无耻矣！"便是这个故事中的名句。

"人不可以无耻，无耻之耻，无耻矣"，这几句是孟子论述关于羞耻的名句。人人

都有羞耻之心,没有羞耻之心就不是人。所谓羞耻之心,它是个人道德意识的一种表现,表示一个人谴责自己的行为、动机、道德品质的意向和情感,是人内心中的一种自我责备。它由于一个人自觉认识到了自己的不道德行为,或者由于周围人们谴责的影响而意识到自己行为的不道德性而产生的。在道德生活中,羞耻之心是十分重要的道德情感,人如果丧失了羞耻之心,道德规范就会对他失去约束作用。

事实上,人不可以没有羞耻之心,如果把没有羞耻之心看做羞耻,那就没有什么可羞耻的事了。这就突出强调了羞耻之心对道德修养的重要性。

人皆可以为尧舜

【名句】

rén jiē kě yǐ wéi yáo shùn
人 皆 可 以 为 尧 舜①。

【出典】

《孟子·告子下》。

【注释】

①皆:都。尧舜:传说中父系氏族社会后期部落联盟的首领,儒家崇尚的古代圣贤的代表人物。

【译文】

人人都可以成为尧舜。

【原作】

曹交问曰:"人皆可以为尧舜,有诸?"

孟子曰:"然。"

……

【作者小传】(见第 17 页)

有一个叫曹交的人，问孟子说："人人都可以成为尧、舜那样的圣人，有这话吗？"

孟子答道："有的。"

曹交问道："我听说文王身高一丈，汤王身高九尺，现在我也有九尺四寸多高的身体了，却只能吃饭而已。照这样我怎样才能成为尧、舜那样的圣人呢？"曹交一副发愁的样子。

孟子却很轻松地说："这有什么困难呢？也照尧、舜那样做就是了。假如有一个人，连只小鸡也提不起来，真可以说是一个毫无力气的人了；如果可以举起三千斤，那可以说是一个很有力气的人了。但是能举起秦国的大力士乌获能举起的重量的，这也只有乌获能够做到的了。人怎么以不能胜任而忧愁呢？只是没有去做罢了。慢慢地走在长者后面的叫做悌，快步跑在长者前面的叫做不悌。慢点儿走，不与长者抢道，这是人所不能的吗？只是不那样做罢了。尧、舜之道，讲的不过是孝和悌罢了。你穿尧的衣服，说尧的话，像尧那样行事，就像尧一样了。你穿桀的衣服，说桀的话，像桀那样行事，就像桀一样了。"

曹交说："我想面见邹君，向他借个住的地方，情愿留在您的门下听取教诲。"

孟子说："正确的学说和主张就像大路一样，难道不易知晓吗？只怕人不去寻求罢了。你回去探求它吧，老师多得很呢！"

后来，曹交也成为一个杰出的人物。

 **赏 析** shang xi

"人皆可以为尧舜。"这是孟子说明加强修养，力行践履的重要性，强调一个人要树立成为圣贤的明确目标和坚定志向。孟子告诫说："尧舜之道像光明的大路一样，难道还难认清吗？只怕有人不去追求罢了。"孟子这句名言，体现了一定的人格平等思想，高扬了个体道德自觉完善，体现了中华民族重视道德修养和力行践履的优良传统，在当时具有一定的破除迷信、解放思想的积极作用，对激励人们攀登高尚的道德境界，产生了积极的影响。

日薄西山,气息奄奄,人命危浅,朝不虑夕

【名句】

rì bó xī shān qì xī yǎn yǎn rén mìng wēi qiǎn zhāo bú lù xī
日 薄 西 山①,气息奄奄②,人 命 危 浅 , 朝 不 虑 夕。

【出典】

西晋李密《陈情表》。

【注释】

①薄:迫近。
②奄奄:呼吸微弱的样子。

【译文】

这好像即将落山的太阳,呼吸微弱,不知什么时候就要断气;性命危险,连早上都不知道能不能活到晚上。

【原作】

但以刘日薄西山,气息奄奄,人命危浅,朝不虑夕。臣无祖母,无以至今日;祖母无臣,无以终余年。祖孙二人,更相为命,是以区区不能废远。……

【作者小传】

李密(224~287),西晋文学家。名虔,字令伯。武阳(今四川彭山)人。父早死,母改嫁,由祖母抚养成人。少师事谯周,以文学见称。仕蜀汉,为尚书郎、大将军姜维主簿、太子洗马。曾奉命出使东吴,有才辩,吴人称之。蜀亡,晋武帝多次征召,以祖母年迈多病,无人奉养,不就。祖母死后,始为太子洗马。后任尚书郎、温县令、大中正、汉中太守。因赋诗抒愤,得罪武帝而被免官。其文以《陈情表》著名。

晋朝开国时,四川有个才学、德行都很有名的散文家,姓李名密。李密父亲死得早,母亲改嫁,他由祖母刘氏收养。家境不好,祖孙相依为命。成年后,他侍奉祖母,隐居乡村。

晋武帝久闻他的大名,几次三番下诏书,请他出山做太子的属官,李密总是不肯任职。朝廷催得紧,郡里县里每天来逼他上路进京。李密没法,写了一份表章,上奏晋武帝,陈述自己的衷情。这就是著名的《陈情表》。

这篇陈情表,感情真挚凄恻,语言真切形象,古人有评论说,凡是读《陈情表》而不落泪的,不是孝子。可见人们对它评价之高。

表章中,首先追述幼年时的事情,李密父死母嫁,身体极弱,9岁还不能独立走路。家里既无叔伯又无兄弟,孤零零一个人,只能和自己的影子作伴,多年来,老祖母亲自照管他的衣食,十分辛苦。现在,她积劳成病,卧床的日子多。李密为了侍奉汤药,从早到晚不能离开祖母。

接着,李密谈到当前的困难,朝廷迫他离家就职,他应该接受,但96岁的祖母已到了生命的尽头,他实在不忍心在这样的时刻离开她。

李密的表章写到这里,又含着眼泪继续说:"我没有祖母就不会有今天,祖母没有我也难以度过她的余年;我为朝廷尽忠的日子还长,而为祖母尽孝的日子却很短了。"

因此,李密要求晋武帝批准他,待侍奉祖母送终归天以后,再出来做官。晋武帝读到李密的文章也十分感动,答应了他的请求,还命地方上派侍婢、送财物供养李密的祖母。

李密直到祖母去世后,才出任官职。

"日薄西山,气息奄奄,人命危浅,朝不虑夕"便是《陈情表》中的名句。

"日薄西山,气息奄奄,人命危浅,朝不虑夕。"这几句形容垂死的人,也可以用来形容陈旧的社会制度。现在多用来形容反动派日暮途穷,已近完蛋,无可挽回。

肉食者鄙，未能远谋

【名句】

ròu shí zhě bǐ　wèi néng yuǎn móu
肉 食 者 鄙①，未 能 远 谋②。

【出典】

《左传·庄公十年》。

【注释】

①鄙：鄙陋。这里指目光短浅，缺少见识。
②远谋：远大的谋略。

【译文】

位高禄厚的大官眼光短浅，不能深谋远虑。

【原作】

十年春，齐师伐我。公将战。曹刿请见。其乡人曰："肉食者谋之，又何间焉？"刿曰："肉食者鄙，未能远谋"，乃入见。……

【作者小传】(见第 26 页)

　　春秋的时候，在我国现在的山东省境内有两个国家，一个叫齐国，一个叫鲁国，这两个国家之间发生过一场战争，下面要讲的就是关于这场战争的故事。

　　齐国在山东省的东北部，土地肥沃，物产丰富，整个国家有很多地方靠着大海，可以出海捕鱼，煮炼海盐，这样的地理自然条件使齐国变得很富裕，国家也变得强大了。齐国把邻近的几个小国给吞掉了，成了当时的大国。

鲁国比齐国小得多,占据着山东省西南部的一小块地方,自然条件没有齐国那么优越,经济也没有齐国那样发达。

　　齐国和鲁国是邻国,经济、军事等各方面的条件都差距比较大,但两国国王之间因为有亲戚关系, 所以两国在相当长的一段时间内还很友好。公元前686年,齐国发生内乱,公孙无知杀死齐国的国王齐襄公,自己当了齐国国王。鲁庄公听说公孙无知已经被人杀死,立刻派鲁国军队护送公子纠回国即位。鲁国军队日夜兼程马不停蹄,想赶在公子小白之前回国,谁知刚进入齐国境内就听说公子小白抄近路赶在公子纠之前回到齐国即位了, 这位公子小白就是历史上的齐桓公。

　　齐桓公听说鲁庄公派军队护送公子纠回国和他争夺王位,非常生气,命令齐国军队迎击,两国军队在乾时(今山东省淄博西面)遭遇,展开战斗,鲁军被打得大败,齐桓公并没有善罢甘休,他让人告诉鲁庄公必须杀死公子纠,否则就要大举进攻鲁国。鲁庄公知道打不过齐国,只好把公子纠杀了,但心里非常忌恨齐桓公,齐桓公同样也非常忌恨鲁庄公。过了一年,也就是公元前684年的春天,齐国又向鲁国大举进攻。

　　鲁庄公听说齐国来打鲁国了,气得拍着桌子说:"齐国太欺负人了,这次我一定和齐国决一死战。"鲁庄公发出命令,调集全国的军队和能征集到的粮草,准备和齐国大打一场。

　　鲁国有一个叫曹刿(guì)的人,从小熟读兵书,聪明过人,他目睹鲁国总被齐国欺负,心中忿忿不平,听说鲁王马上要出兵和齐国打仗了,他想为鲁庄公出些计谋。邻居知道他要去见鲁庄公,都对他说:"出征打仗,排兵布阵是那些当大官的事,做一个老百姓管这些干什么?"

　　曹刿回答说:"当大官的最先考虑的是自己,哪里会想到国家的安危,他们都是些目光短浅的人。"说完,曹刿就启程了。

　　曹刿见到鲁庄公,问他说:"齐国比鲁国强大得多,您为什么敢和齐国开战呢?"

　　庄公回答说:"我对周围的臣子、侍从都很好,只要有了好吃的、好穿的,我总会想到给他们留一些,现在国家遇到灾难,他们应该为国家尽一些力吧!"

　　曹刿摇摇头说:"这些小恩小惠只能笼络几个人, 靠这几个人是打不过齐国的。"

　　庄公又说:"神庙每年用于祭祀的牛我都按时交纳了, 现在我要和齐国打仗了,神仙恐怕会保佑我吧!"

　　曹刿听了哈哈大笑说:"神仙是泥巴做的,又不会打仗,怎么会保佑您呢?"

庄公又想了想说："我一直认为老百姓是国家的根本，我比较重视解决百姓疾苦，每年我都要审理许多有关老百姓的案子，在审理过程中我尽量做到公平合理。"

曹刿点点头说："您现在说的才是最重要的，一个国家的君王只有得到百姓的拥护，他才能打胜仗，凭这一点您可以和齐国开战了。"

庄公觉得曹刿这个人很有头脑，就问曹刿愿意不愿意和他一起出征。

曹刿说："我国现在遭到了齐国的入侵，我是鲁国人，怎么可以袖手旁观呢？"

于是，鲁庄公和曹刿同乘一辆战车开赴前线。

齐鲁两国在长勺(今山东莱芜东北)摆开了阵势。

鲁庄公和曹刿来到阵前，向齐军阵营望去，只见齐国的军队排出好几里地长，各种旗帜就像树林一样密密麻麻的一大片，齐军的盔甲、战马整齐耀眼。和齐军相比，鲁国军队的人马少了不少，武器盔甲有许多已经破旧不堪。鲁庄公忧虑地对曹刿说："齐军这么强大，咱们打得过他们吗？"

曹刿信心十足地对庄公说："齐军刚打败了咱们，人多武器又好，必然轻视咱们，您不用担心。"

正说着，齐军阵营上的战鼓"咚咚咚"敲响了。春秋的时候，打仗是用旗帜、铜锣、战鼓这样几种东西指挥的。一支军队分为左、中、右等几部分，主帅在中军用一杆特制的大旗调动全军，用各种不同颜色的旗帜调动各部分部队。击鼓是进攻的命令，敲铜锣是撤退的命令。齐国根本没有把鲁国放在眼里，阵势刚排开连休息一下都没有，就开始向鲁国军队发动进攻了。

齐国军队在战鼓的催促下，喊杀着冲了过来，一时间，到处都是齐国军队，他们像潮水一样冲向了鲁军阵地。

鲁庄公见齐军来势汹汹有点儿慌了，急忙抓起令旗准备命令鲁军迎击。

曹刿按住鲁庄公的手，说："请您先不要命令部队出击，让部队守住阵地就可以了。"

鲁庄公采纳了曹刿的意见，他命令部队将战车调转过来，用车尾对着齐军阵地，这样一辆辆战车就变成一个个堡垒，鲁庄公让弓箭手躲在战车后边向齐军射箭。齐军虽然冲到了鲁军阵前，但许多人都被箭射死了，剩下的人见冲不破鲁军的防线，只好退了回去。

齐国军队的主帅见第一次进攻没有成功，没有让士兵休息，"咚咚"敲响了战鼓，齐军又一次像潮水般冲向鲁军阵地。

鲁庄公问曹刿："这回咱们可以出击了吧？"

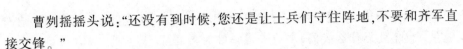

曹刿摇摇头说:"还没有到时候,您还是让士兵们守住阵地,不要和齐军直接交锋。"

齐军冲到了鲁国军队的阵地前,鲁军还是躲在战车后面放箭,齐军冲不过去,只好又退了回去。

过了一会,齐军阵营中第三次响起了战鼓声,齐军的第三次进攻开始了。这一回齐军的进攻速度比前两次慢多了,士气也没有开始时的时候旺盛了。

曹刿对鲁庄公说:"您可以下令出击了。"

鲁庄公命令击鼓。鲁军阵地上鼓声震天,鲁国士兵人人英勇,个个争先冲向齐军。齐军根本没有想到鲁国的军队有这么强的战斗力,加上两次冲锋消耗掉了大部分的体力,所以和鲁国军队一交手就被打得落花流水,齐军的主帅连忙命令敲铜锣退兵。

鲁庄公见齐军退却了,特别高兴,急忙下令鲁军追击。曹刿说:"别忙,让我先看一看。"说完,他跳下战车仔细观察齐军战车留下的车辙,然后又上车向齐军退却的方向仔细看了一阵,他胸有成竹地对鲁庄公说:"您可以追击了。"

鲁庄公指挥鲁军乘胜追击,很快追上了齐军,俘虏了大批齐军,缴获了许多战车、马匹、武器,齐军灰溜溜地逃回了齐国,这场战争以鲁国大胜而结束。

回到鲁国国都,鲁庄公开了一个很大的宴会,庆祝这场战争的胜利。宴会后他单独把曹刿留下了。

鲁庄公对曹刿说:"这场战争我是在您的帮助下才取得胜利的,您能不能给我讲讲鲁国取胜的原因。"

曹刿讲:"您是鲁国的国君,却能经常替老百姓办好事,百姓都很感激您;齐国虽然比鲁国大,但它以强欺弱侵略别的国家,老百姓都讨厌它,打起仗来,老百姓自然站在您这边,这就是您取胜最重要的条件。"

鲁庄公问:"您为什么让我在齐军第三次进攻时才开始反击呢?"

曹刿说:"军队的士气和勇气对战争的胜利是非常重要的。齐军比咱们人多、武器好,又刚刚打败过咱们,在第一次向咱们发起冲锋时他们的士气最旺盛,如果那时候和它交锋肯定要吃大亏。齐军第二次冲锋时因为刚刚被咱们打退,士气受了一定影响,进攻的阵形也不像第一次那么整齐了,但他们的实力依然很强,还不是和他们交锋的时候。齐军第三次冲锋,他们的士气和勇气都被咱们瓦解掉了,齐军的士兵很疲惫,整个阵势松松散散,所以,这个时候下令出击肯定能打败齐军。"

鲁庄公点点头,想了想又问:"齐军既然被打败,您为什么不马上让我追击他们呢?"

曹刿一听笑了,说:"我准知道您会问这个问题,我先问您一个问题,咱们现在打仗主要靠什么武器?"

"战车呀!"鲁庄公回答。

"对了,您知道战车的阵势一旦被冲乱是很难复原的,对不对?"

鲁庄公点点头。

曹刿又说:"齐国是个大国,有很强的军事实力,虽然被咱们打退了,但我担心这是他们的计策,假装败退,留下一支部队伏击咱们。我看了他们战车的辙,如果很整齐,说明他们没真被咱们打败;但事实他们的车辙非常杂乱,显然是被咱们真的打败了。我还不放心,又站到高处观察到他们的旗帜也东倒西歪了,这才让您下令追击他们。"

《左传》作者根据曹刿指挥战争的情况写了《曹刿论战》一文,"肉食者鄙,未能远谋"是该文的名句。

赏 析

"肉食者鄙,未能远谋。"这句话一针见血地说明了封建社会当大官的人,多数愚蠢无用,干不了什么大事。它反衬出曹刿是个深谋远虑、沉着冷静的人。

十五而志于学,三十而立

【名句】

shí wǔ ér zhì yú xué   sān shí ér lì
十 五 而 志 于 学①,三 十 而 立②。

【出典】

《论语·为政》。

【注释】

①志于学:立志学习。

②立:自立于世。

【译文】

十五岁时开始立志学习,三十岁时能自立于世,说话做事能够合于礼仪。

【原作】

　　子曰:"吾十有五而志于学,三十而立,四十则不惑,五十而知天命,六十而耳顺,七十而从心所欲,不逾矩。"

【作者小传】(见第 2 页)

孔子字仲尼，鲁国人。据说他生下来时头顶就中间微凹而四周隆起，像山丘一样，所以取名为丘。

孔子的父亲叔梁纥(hé)是鲁国著名的勇士。孔子3岁，叔梁纥就死了。母亲颜氏名征在，带着儿子住在曲阜附近的阙里地方。

颜征在十分重视对儿子的教育。孔子也自小勤奋好学，到17岁时已经以博学多识闻名乡里了。后来孔子自述说："吾十五而志于学"，就是说，到15岁时，他已经自觉地、有目的地专志于学习了。

那时，母亲颜氏去世了，为了维持生计，他两次做过鲁国执政者季氏的家臣。一次是任"委吏"，负责管理仓库；又一次是做"乘田"，管理牛羊畜牧。

孔子在担任职务的空隙时间，依然抓紧学习，这一阶段，他经过苦心钻研，精通"六艺"，开始形成了自己的学术主张。他后来说"三十而立"，就是讲那时已经确立了他的政治思想和道德观念。

30岁以后，孔子设帐授徒。直到51岁才正式担任公职，先做中都宰(相当于县长)，一年后改任管理国家工程建筑的司空，不久又升任负责全国治安的大司寇，前后一共四年多。在这段时间，用孔子自己的话来说，是"四十而不惑，五十而知天命。"意思是说，到40岁左右，他对自己所学所行，已经不再有什么犹豫怀疑了；到50岁前后，更进一步掌握了世上万物发生发展的必然条理。

在任大司寇期间，他辅佐国君鲁定公，与强大邻国齐国国君在夹谷相会。凭着孔子的勇敢、机智和博学，在会议上挫败了骄傲的齐军。

到55岁，他因鲁国执政者不能接受他以"仁"为核心的政治主张，弃官出游。十四年来，他历访卫、陈、曹、宋、郑、蔡各国，那些贪利好战的国君，都不接受他的主张。"六十而耳顺，七十而从心所欲，不逾矩"，是他自己对晚年的评价。"十五而志于学，三十而立"就是该文的名句。

赏 析
shang xi

"十五而志于学，三十而立。"这是孔子对他一生进步历程的确切叙述。孔子说自己不是生而知之，是学而知之的；学习的进步也有一个很长的过程。孔子用简单的几句话勾勒了自己的一生，从中也大体显示了一个成功的人在人生的各个阶段所要达到的目标。少年时要发奋学习；30岁左右成家立业；40岁左右拥有自己坚定的信念；50岁上下就要明白世上的当然之故和必然趋势；60岁达到内外相通的境界，对各种意见都能正确地理解和对待；70岁对社会的法则就能运用自如，精神进入自由王国。孔子的叙述简单平易而真切、有深意，给予后人种种不同的启示。

司马昭之心，路人皆知

【名句】

sī mǎ zhāo zhī xīn　lù rén jiē zhī
司 马 昭 之 心①，路 人 皆 知②。

【出典】

西晋陈寿《三国志·魏志》。

【注释】

①司马昭：司马懿(yì)之子，司马师之弟，曾蓄意夺取政权。

②路人：行路的人，比喻所有的人。

【译文】

司马昭的阴谋野心是有目共睹的，所有的人都知道了。

【原作】

帝见威权日去，不胜其忿。乃召侍中王沈、尚书王经、散骑常侍王业，谓曰："司马昭之心，路人皆知也。吾不能坐受废辱，今日当与卿等自出讨之。"

【作者小传】

陈寿(233～297)，西晋史学家，史学名著《三国志》的作者。字承祚。安汉(今四川南充北)人。

陈寿自幼聪颖，虽家境贫穷，但终日潜修学问，10岁就能写出好文章，15

岁遴选为卫学生,居学官之首。陈寿从小养成一种穷不移志、富贵不淫的美德。有一年正月十五上元灯节,散灯后,小陈寿在街口拾得一袋钱币和二鞘小刀,便在街头坐候失主,直至物归原主才兴兴而归。街坊老少闻知后,无不称赞。

陈寿先在蜀汉任观阁令史。当时,宦官黄皓专权,大臣都曲意附从。陈寿因为不肯屈从黄皓,所以屡遭遣黜。入晋以后,历任著作郎、治书待御史等职。公元 280 年,晋灭东吴,结束了分裂局面。陈寿当时 48 岁,开始撰写《三国志》。

《三国志》是一部记载魏、蜀、吴三国鼎立时期的纪传体国别史。

陈寿叙事简略,三书很少重复,记事翔实。在材料的取舍上也十分严慎,为历代史学家所重视。史学界把《史记》、《汉书》、《后汉书》和《三国志》合称前四史,视为纪传体史学名著。

三国时,魏国曹髦为帝,朝廷权力全部掌握在司马昭手中,皇帝只不过摆摆样子。

那司马昭富有野心。他认为,破蜀平吴,都必须依靠他司马家的力量,结束多年来三国鼎立的局面,只有他司马昭能够做到。所以,在表面上,魏帝晋封他为晋公,屡加额外的奖励,他都公开上表示恳辞,而实际上,任何一个大小官员的职位,全是按他的意志授予;任何一支军队,只有他能够调动,连皇宫内侍也都要由他司马昭指定。

曹髦做了 5 年傀儡皇帝,却连一天都没有行使过皇帝的权力,愈来愈感到愤怒不平。他想了好几天,作出了决定,把一向对皇帝比较有礼貌的三个大臣:王沈、王业、王经召进内殿,对他们说:

"三位爱卿,司马昭独揽大权,孤立寡人,他的目的是处心积虑要倾覆我魏朝,自己称帝。司马昭之心,路人皆知,你们更不会不知。今天我决定以天子的名义,和你们一起,亲自去讨伐他!"

三个大臣听了都惊呆了。王沈、王业怕说话不慎被司马昭治罪,闭口不发一言。王经比较忠直,叩头劝告说:

"陛下,权在他人之手,已非一日,现在赤手空拳,凭什么去讨敌?还请陛下从长计议。"

曹髦咬着牙把讨伐的圣旨掷在地上说:

"朕忍无可忍了,决心已定,大不了一死,也比现在这样活着强。"

说完,他让三人稍等,进内宫去禀告太后。皇帝刚去,王沈、王业互换眼色,立刻出殿奔向大将军司马昭府中告密。司马昭迅速命心腹贾充带卫兵进宫,正遇曹髦握剑带了一百多个童仆出来,贾充命手下上前把那个年轻的皇帝一剑刺死。事后,司马昭谎说曹髦因举兵杀太后而被误伤身死。

但是,真是所谓"司马昭之心,路人皆知",纸上的谎言掩盖不了血的事实。到司马昭之子司马炎手中,司马氏就篡魏为晋了。"司马昭之心,路人皆知"便是这个故事中的名句。

赏 析
shang xi

"司马昭之心,路人皆知",这句话是揭露司马昭的野心。后来每当有人以种种虚伪的行动、言语来掩饰罪恶意图时,人们就会用这名句来狠狠地刺他一下,说明阴谋家的野心已是众人共知。《毛泽东选集》第二卷《向国民党的十点要求》中用了这句话:"盖自汪精卫倡言反共亲日以来,张君劢、叶青等妖人和之以笔墨,反共派、顽固派和之以磨擦。假统一之名,行独霸之实,弃团结之义,肇分裂之端。司马昭之心,固已路人皆知矣。"

盛名之下,其实难副

【名句】

shèng míng zhī xià　qí shí nán fù
盛　名　之　下①,其实　难　副②。

【出典】

南朝宋范晔《后汉书·黄琼传》。

【注释】

①盛:盛大。

②副:符合,相称。

【译文】

名称极大的人，其实际情况很难跟他的名称相符。

【原作】

尝闻语曰："峣(yáo)峣者易折，皦(jiǎo)皦者易污。阳春白雪，和者必寡；盛名之下，其实难副。"

【作者小传】（见第 10 页）

东汉时代的黄琼颇有才学，名望很高，但他想做个清高的隐士，不愿出来做官。永建年间，王公贵族多次推荐黄琼，朝廷下令征聘后，他才很勉强地离开了家乡，但称病不进京去。当时，很多有名的人受到征聘后，才发现他们的才能与名望并不相符。太傅李固自来敬慕黄琼，希望他能出来做官，以事实证明自己不是那种孤傲自恃、名不副实的人，就写了一封信去劝告黄琼。

李固在信中说："如果先生真想以上古隐士巢父、许由等人为榜样，立志终生隐居深山幽谷，倒也罢了；如果想辅佐朝政，为民效力，现在就正是好机会。自古以来，像唐尧虞舜那样的圣明君主是很少见的，但并非仁人志士就没有用武之地。我曾听人说过，高傲刚直的东西容易折损，晶莹洁白的东西容易污染。像《阳春白雪》那样高深的曲调唱和的人必定很少，名声很大的人其才能与实际未必符合。像近日一些受到征聘的先生，往昔声名大盛，任职后却显不出有出色的作为，所以民间议论纷纷处士们纯粹是徒有虚名。愿先生能展示宏才大略，令众人叹服，消除民间不利于处士们的看法。"

黄琼听从了李固的建议，到了京城，立即被封为议郎；不久，显露出真才实学，升为尚书仆射。"盛名之下，其实难副"便是这个故事中的名句。

"盛名之下，其实难副"，形容某人的实际才能与过高的声誉不相符合；或用以告诫人要有自知之明，不要为人们的赞美声冲昏头脑。古语道："不知己犹

如盲人"、"自知者明"。这说明在生活实践中要不断认识自己。只有善于思索，善于总结，善于分析，才能真正认识自己，明白自己的人格、志趣、意志和气质，矫正自己的生活方向，才会走上成功之路。

水则载舟，亦则覆舟

【名句】

shuǐ zé zài zhōu　yì zé fù zhōu
水　则　载　舟①，亦则覆　舟②。

【出典】

《荀子·王制》。

【注释】

①则：能。舟：船。
②覆：翻倒而覆没。

【译文】

水能够让船行走，但也能够让船翻倒而覆没。

【原作】

马骇舆，则君子不安舆；庶人骇政，则君子不安位。马骇舆，则莫若静之；庶人骇政，则莫若惠之。选贤良，举笃敬，兴孝弟，收孤寡，补贫穷，如是，则庶人安政矣。庶人安政，然后君子安位。传曰："君者，舟也；庶人者，水也。水则载舟，水则覆舟。"此之谓也。

【作者小传】

荀子(约前313~约前238)，战国时著名思想家、文学家。名况，当时人们尊称他荀卿。汉代著作因避汉宣帝刘询讳，而"荀"和"孙"音近，也称孙卿。战国末期赵国人。两次去当时齐国的文化中心稷下游学，任过祭酒(学宫领袖)，还到过秦国，拜见秦昭王；后来到楚国，葬在兰陵。韩非和李斯都是他的学生。

荀子是先秦儒家的最后代表人物，同早于他的孟子成为儒家中对立的两派。在宇宙观方面，荀子认为自然界的存在，不以人的主观意志为转移，但人类可以用主观努力去认识它，顺应它，运用它，以趋吉避凶。他提出"制天命而用之"的思想。在认识论方面，他认为人认识客观事物，首先要通过感觉器官和外界事物接触，强调"行"对于"知"的必要性和后天学习的重要性，有朴素的唯物思想。在政治上，他针对孔子、孟子效法先王的思想，提出"法后王"的口号，主张应该适应当时的社会情况去施政，要选贤能，明赏罚，兼用"礼"、"法"、"术"实行统治。他的许多思想为法家所汲取。在人性问题上，他不同意孟子的性善论，主张性恶论，认为后天环境可以改善人的恶的本性，所以他主张"明礼义而化之"。他重视教育的作用，强调教育功能的重要，有积极意义。荀子既是思想家，又兼长于文学，在战国诸子中，他与孟子、庄子对后世影响最深。

其作品《荀子》亦称《荀卿新书》、《孙卿子》。刘向《别录》作《孙卿子》三十二篇，《隋书·经籍志》作《孙卿子》十二卷。今本为唐杨倞所注，改名《荀子》，分二十卷，共三十二篇。其中多数篇章为荀况自作，少数由其门人记述。其文长于论辩，说理精透，结构严密，有很强的逻辑性。语言丰富多彩，善用譬喻，多排偶句，形成质朴又醇厚的独特风格，对后世说理文有一定影响。

唐太宗即位以后，经常和臣下讨论隋朝灭亡的原因，从中找出教训，来巩固唐王朝的统治。

唐朝刚建立时，社会还不安定。有些大臣奏请要用重法来惩治"盗贼"。唐太宗笑着说："老百姓为什么要去做盗贼？还不是因为赋税太多、劳役太重吗？官吏们不断催逼，经常要挨饿，这就顾不上廉耻了。我们应当减轻赋税和徭役，任用廉洁的官吏，让老百姓衣食有余，他们就不会去做盗贼了，否则，重法又有什么用呢？"

有一次，唐太宗和魏徵等大臣讨论对在押犯人定罪的事。有人提到：隋朝时，抓了两千多个"强盗"，炀帝命令把他们全杀了。其实这里面只有五个人的确是强盗，其余的都是无辜的百姓。管司法的大理丞明明知道，却不奏明。唐太宗叹息道："皇帝无道，臣下又不谏，怎能不亡国呢？"

唐太宗到了洛阳的隋宫，对臣下们说："炀帝征用了几十万民工造了这样豪华的宫殿，老百姓怨声载道，这也是他亡国的原因啊！"

又有一次,太宗对侍郎王珪(guī)说:"隋朝开皇十四年大旱,文帝又不准官府开仓救济灾民。到隋亡时,查出库里的粮食可供全国老百姓吃五十年。隋炀帝把全国的财富只供他一人奢侈享乐,老百姓怎么能受得了呢?"

唐太宗总结隋亡教训,对他的儿子说:"水则载舟,水则覆舟。百姓好比是水,皇帝好比是船。一个皇帝,要是按正道办事,百姓就拥护他;如果不行正道,百姓就要推翻他。""水则载舟,水则覆舟"便是这个故事中的名句。

赏 析

"水则载舟,水则覆舟。"这是喻指老百姓能拥护统治者,也能推翻统治者。东汉张衡《东京赋》有"夫水所以载舟,亦所以覆舟",其含义相同。这是告诫当权者要顺应民心,得到老百姓的拥护是治国的基础。事实也是如此,历史证明,统治者为了维护自己的统治地位,在一定程度上做到爱护、安定百姓,社会就会统一、安定和发展;否则,统治者暴虐百姓,社会就会分裂、混乱和倒退,腐败的王朝就会被新的王朝所代替,统治者也会落个垮台的命运,这就足以说明民心向背的重要了。

塞翁失马,安知非福

【名句】

sài wēng shī mǎ　ān zhī fēi fú
塞 翁 失 马①,安 知 非 福②。

【出典】

《淮南子·人间训》。

【注释】

①塞:边塞上险要地。翁:老头儿。
②安知:怎么知道。

【译文】

边塞上的一个老头儿丢失了一匹马,但怎么知道这不是福气呢?

【原作】

塞上之人,有善术者,马无故亡而入胡。人皆吊之,其父曰:"此何遽不能为福乎?"

居数月,其马将胡骏马而归。人皆贺之,其父曰:"此何遽不能为祸乎?"

家富良马,其子好骑,堕而折其髀(bì)。人皆吊之,其父曰:"此何遽不能为福乎?"

居一年,胡人入塞,丁壮者控弦而战,塞上之人,死者十九,此独以跛之故,父子相保。

故福之为祸,祸之为福,化不可极,深不可测也。

【作者小传】

《淮南子》,一作《淮南鸿烈》。杂家著作。西汉刘安(淮南王)主编。最初所作《外书》、《中篇》已佚,今存《内篇》二十一卷。杂采先秦诸子之说,以阴阳五行和道家天道自然观立论,杂糅儒、墨、法、刑、名诸家学说,反映了作者"澹泊无为,蹈虚守静"的黄老无为思想(见高诱《淮南鸿烈解序》)。书中保留了许多先秦以来的原始资料,其文体与《吕氏春秋》近似,其中神话传说和史事有很高的文学、史料价值。一些寓言故事含意深刻,极具教育意义,论文方面主张因自然,灭文章,依道废艺,指责儒家诗书礼乐是"言华"、"行伪"的产物,不切实用。

边塞上有一个小伙子,喜欢骑马和打猎,家里养了一匹马。有一天,这匹马从马厩里跑了出来,越过边界,跑到胡人的地方去了。

那时候,自己家里养一匹马也不容易,所以走失了一匹马,也算是一件大事。邻居们为此都来安慰他。

可是,小伙子的父亲却笑着说:"虽说丢了马是不幸的事,可谁能说这不会变成一件幸运的事呢!"

过了几个月,那匹走失的马回来了,还带来了一匹胡人的骏马。小伙子高兴极了,邻居们也都来庆贺他。可这一回,他的父亲却说:"多了一匹马,好事倒是好事,不过谁也难保这不会使你倒霉呢!"

果然,小伙子因为爱骑马,常骑着这匹胡马出去打猎、游玩。有一次不小心从马上摔下来,把大腿骨也摔断了,成了一个瘸子。大家都来看望他,对他的不幸表示同情。

这时,小伙子的父亲反倒笑着说:"不用太伤心,瘸了腿也许会给你好处呢!"

又过了一年,因为胡人侵犯,年轻人都被征兵上前线去打仗,很多人在战场上牺牲了。这个小伙子因为残废,只能留在家里,他们父子一家人得以继续过着平安的日子。"塞翁失马,安知非福"便是这个故事中的名句。

赏 析

"塞翁失马,安知非福。"这两句话是根据《淮南子·人间训》中记载的一个故事而概括出来的名句。这名句正如老子所说:"祸兮,福之所倚;福兮,祸之所伏。"意思是说,灾祸啊,是幸福存在的地方;幸福啊,灾祸常常埋伏在里面。这是一种朴素的辩证法观点:看到了事物可以向它相反的方向转化。这句话现在批判地引用,说明在一定条件下,坏的东西可以引出好的结果,好的东西也可以引出坏的结果;启发人们要全面地看问题,看到事物的正面,也要看到它的反面。

世之奇伟瑰怪非常之观,常在于险远而人之所罕至焉

【名句】

shì zhī qí wěi guī guài fēi cháng zhī guān   cháng zài yú xiǎn yuǎn ér rén
世之奇伟瑰怪非常之观①,常在于险远而人
zhī suǒ hǎn zhì yān
之所罕至焉②。

【出典】

北宋王安石《游褒禅山记》。

【注释】

①瑰怪:壮丽奇异。非常之观:平常很难见得到的景象。

②罕至:极少到达。

【译文】

世界上奇异雄伟、瑰丽怪诞,不同寻常的景观,常常处在艰险遥远,人们很少能到达的地方。

【原作】

夫夷以近,则游者众;险以远,则至者少。而世之奇伟瑰怪非常之观,常在于险远而人之所罕至焉,故非有志者,不能至也。有志矣,不随以止也,然力不足者,亦不能至也。有志与力而不随以怠,至于幽暗昏惑,而无物以相之,亦不能至也……

【作者小传】

王安石(1021~1086),北宋政治家、文学家。字介甫,晚号半山。抚州临川(今属江西)人,后移居江宁(今南京)。熙宁二年(1069),拜参知政事,积极推行新法。王安石为北宋诗文革新运动的中坚人物,唐宋古文八大家之一。理论上,强调文学的社会功用,主张文贵致用,同时也肯定文学的艺术特性。故其所作,多针对现实,有强烈的政治色彩。诗成就最高,今存1530余首。多指陈现实,有感而发。如《河北民》、《收盐》、《兼并》、《发廪》、《秃山》等,直抒胸臆,辞气激烈。咏史之作,如《商鞅》、《韩信》、《贾生》等,往往寓意深刻。《明妃曲》二首,立意新颖,尤负盛名。退隐后,诗歌转为描写山光水色,更注重字句的推敲锤炼,如《江上》、《泊船瓜洲》、《金陵即事》等,其雄直峭劲、壮丽超逸而又深婉不迫的独特诗风,对扫除西昆体残余,推动宋诗革新起了积极作用。但部分诗篇受韩愈影响较深,喜造硬语,押险韵,也对宋诗的发展产生了不良影响。

宋仁宗至和元年(1054),朝廷派王安石到舒州(今安徽省怀宁县)当通判。到任后不久的一天,王安石的几个朋友邀他到邻县的褒禅山(在今安徽省含山

县东北)去游玩。王安石的两个弟弟也一起结伴而行。

褒禅山古时候叫华山,山上有一个华山洞。华山洞是一块平旷的地方,洞边有一泓山泉;洞口很大,但很浅。洞边石壁上留下许多游人的题词,可见来此游玩的人很多。这儿是前洞,再上山五六里处还有一个后洞,据说那后洞不比前洞,十分幽深。

几个人继续探寻后洞。这里的洞口不大,却是深不可测。他们点了火把,一起往洞里走。洞里石笋林立,有的像海上的仙山,有的像树木花卉;洞顶倒垂着各种奇形怪状的钟乳石,有的像花鸟瓜果,有的像珍禽异兽,在火光的照耀下,反射出各种瑰丽的色彩。越往里走,洞景愈奇愈美,以至悬泉飞瀑,山川湖泊,无奇不有,似乎进入了一个神异的世界。不过路也更加难走起来,迂回曲折,忽高忽低,狭窄的地方仅容一个人侧身而过。于是有人觉得倦怠起来,提议别往前走了,还说:"若不出去,火把就要燃尽了。"大家就随他走出洞去。

到了洞口,才觉得刚才到的地方,恐怕还不及整个洞的一半呢。回想起来,论体力其实也还可以再往前走,火把还能照明一段时间,于是又后悔没有走到洞的更深处,探寻更美的景致,感到十分遗憾。

这件事给了王安石深刻的启发:道路平坦而近便的地方,游人很多;而险峻僻远的地方,到的人就少。但是"世之奇伟瑰怪非常之观,常在于险远",这种雄伟、奇特而又绚丽多彩的景色,大多在人迹罕至的地方;所以,没有探索的志向,没有坚毅的意志,就到不了这种不同寻常的地方。

王安石从这一件事进一步想到,做事必须竭尽全力。一个人有足够的力量和条件去做某一件应该做的事,但由于懈怠而没有去做,事后会落得别人的讥笑,自己也会后悔。

王安石根据自己游山的所见所感,从自己这次游山没有尽情享受到它的乐趣,联想到古人在这方面往往有所得。于是,他为了"借端说理,载道见志",那天游完了褒禅山回来后,文如泉涌,挥笔写了《游褒禅山记》这篇游记文章,"世之奇伟瑰怪非常之观,常在于险远而人之所罕至焉",便是该文中的名句。

赏 析
shang xi

"世之奇伟瑰怪非常之观,常在于险远而人之所罕至焉。"这是王安石借游褒禅山景物的特点,抒发出一种感慨,提出一种观点。作者由记游引发,阐明了自己对人生治学立业的看法:一个人要想干出一番事业或在学问上有所创造,就必须像游山洞那样顽强探索,百折不回,不盲从别人,又善于利用客观条件,必须有志气、有毅力,不半途而废,这样才能达到"奇伟瑰怪非常之观"的境界。

世有伯乐,然后有千里马。千里马常有,而伯乐不常有

【名句】

shì yǒu bó lè　rán hòu yǒu qiān lǐ mǎ　qiān lǐ mǎ cháng yǒu ér bó lè
世 有 伯乐①,然 后 有 千 里 马②。千 里 马　常　有,而伯乐
bù cháng yǒu
不　常　有。

【出典】

唐韩愈《马说》。

【注释】

①伯乐:传说为天上的掌马星。春秋时,孙阳因善于相马,故以伯乐称之。
②千里马:日行千里的马,是一种上等的好马。

【译文】

世上有了伯乐,然后才有千里马。千里马是常有的,但是伯乐却不常有。

【原作】

世有伯乐,然后有千里马。千里马常有,而伯乐不常有。故虽有名马,只辱于奴隶人之手,骈死于槽枥之间,不以千里称也。

马之千里者,一食或尽粟一石。食马者不知其能千里而食也。是马也,虽有千里之能,食不饱,力不足,才美不见外,且欲与常马等不可得,安求其能千里也?

策之不以其道,食之不能尽其材,鸣之而不能通其意,执策而临之,曰:"天下无马!"呜呼!其真无马邪?其真不知马也。

【作者小传】(见第45页)

　　韩愈3岁时就死了父亲,长兄韩会在京师做官,韩愈依靠长兄生活。后来,韩会被贬到韶州,他又随哥哥到南方。不幸韩会得病死去,留下一个年幼的儿子,名老成,小名十二郎。

　　嫂嫂郑氏,担负起抚育韩愈、老成两个孤儿的责任,含辛茹苦,把他们抚养长大。

　　经过颠沛流离的生活,韩愈从小就立志奋发向上,7岁起刻苦读书,13岁开始写文章。当时已经有一些文学家主张写古朴的教文,韩愈向他们学习,确定了自己的创作道路。

　　像其他许多文人一样,韩愈长大后,就到京师应考。但是当时有些考官并不赏识他的文章,韩愈考了三次没有考中,直到第四次,才中了进士。

　　为了求官,他多次上书宰相,又连续三次参加博学宏词科考试,都没有如愿。当时有人对韩愈说:"诸葛亮纵有盖世的才华,如果没有刘备这个识人的英主,他的才华往哪里施展?但是,刘备如果得不到诸葛亮这样的谋士,能不能站得住脚,还在两可之间,哪还能够建立蜀国!"韩愈听了这话连连点头表示赞成。

　　韩愈怀着满腹才学,竟遭到这样的挫折,不禁愤愤不平。于是,他运用古代"伯乐相马"的典故,写了这篇《马说》。"世有伯乐,然后有千里马。千里马常有,而伯乐不常有"便是该文中的名句。

赏析 shang xi

　　"世有伯乐,然后有千里马。千里马常有,而伯乐不常有。"这几句是作者用托物寓意的写法,表达他的见解:封建统治者应当善于识别人才,将人才比作"千里马",如果没有伯乐去发现,那么这些人才就会被埋没。这几句是作者喻指要有善于发现人才的人,真正的人才方能涌现。因此,伯乐和千里马的关系是:先有伯乐,然后才有千里马。而伯乐和千里马数量的对比,伯乐为数较少,而千里马为数较多,因此"千里马常有,而伯乐不常有"。伯乐的重要性就不言而喻了。

山不在高，有仙则名。水不在深，有龙则灵

【名句】

shān bú zài gāo yǒu xiān zé míng　shuǐ bú zài shēn yǒu lóng zé líng
山 不 在 高，有 仙 则 名①，水 不 在 深，有 龙 则 灵②。

【出典】

唐刘禹锡《陋室铭》。

【注释】

①名：动词，出名。
②灵：显灵，灵验。

【译文】

山，不在于高，有神仙住着就出名；水，不在于深，有蛟龙潜藏就显灵验。

【原作】

山不在高，有仙则名。水不在深，有龙则灵。斯是陋室，惟吾德馨。苔痕上阶绿，草色入帘青。谈笑有鸿儒，往来无白丁，可以调素琴，阅金经。无丝竹之乱耳，无案牍之劳形。南阳诸葛庐，西蜀子云亭。孔子曰："何陋之有？"

【作者小传】

刘禹锡(772~842)，唐文学家。字梦得。洛阳(今属河南)人。幼年居住嘉兴、湖州，永贞元年(805)，擢屯田员外郎，判度支盐铁，参与革新。宪宗立，贬连州刺史，又贬朗州司马。元和十年(815)还京，因作诗语涉讥刺，贬连州刺史，历夔、和二州刺史。大和初，入朝为主客、礼部郎中，充集贤直学士，复出为苏、汝、同三州刺史。开成元年(836)，以太子宾客分司东都，世称刘宾客。与柳宗元交谊最笃，世称"刘柳"；又与白居易并称"刘白"。其诗各体均擅，多反映时事政治及怀古感兴之作。题材广阔，感情充沛，流畅自然。既富锐意进取精神，又具隽永哲理意味，刚健豪宕，雄浑老苍，故白居易目之为"诗豪"。明胡震亨亦谓其

"气该今古,词总华实,运用似无甚过人,却都惬人意,语语可歌,真才情之最豪者"(《唐音癸签》)。《飞鸢操》、《西塞山怀古》、《金陵五题》、《始闻秋风》、《秋词》等诗均为传世名作。学习民歌所作《竹枝词》等,深得南朝乐府神髓,宋黄庭坚评为"词意高妙,元和间诚可以独步",苏轼叹为"奔轶绝尘,不可追也"(《苕溪渔隐丛话》引),于后世有广泛影响。散文长于说理,《天伦》、《因论》为其代表作。著有《刘禹锡集》、《刘梦得文集》(又名《刘宾客文集》)行世。

　　刘禹锡小时才华出众,得到诗僧皎然的指点,开始学诗。他的成名较白居易、元稹都早。21岁就在长安中进士,接着又考中博学宏词科;过了两年,应吏部考试又考中。像这样"连登三科"的情形,在当时士人中是不多见的。他一帆风顺地登上仕途,从太子校书(官名)一直做到监察御史。

　　青年得志的刘禹锡很想有一番作为。王叔文改革开始后,参加改革的官员中,王叔文对刘禹锡很器重,赞扬他是宰相之才。

　　唐宪宗即位后,改革失败,刘禹锡因参加政治革新运动,得罪了当朝的权贵宠臣,被贬至安徽省和州做官。当时,正是和州闹旱灾之后,他忙于调拨物资,赈济灾民,兴修水利,劝勉农耕,给人民做了一些好事。他的心情也比较平静下来。和州的县令是个见利忘义的小人,他见刘禹锡是被贬而来的,便多方刁难他。县令先叫刘禹锡在城南面江而居,后来又令衙门的书丞把刘禹锡的房子,由城南门换到城北门,住房也由三间缩小到一间半。而这一间半位于德胜河边,附近是一排排的柳树。刘禹锡见此情景,作了一联:"杨柳青青江水平,人在历阳心在京。"他仍在此处读书作文。知县气得肺都快炸了,又与书丞商量,为刘禹锡在城中寻了一间只能容一床一桌一椅的小屋。时间仅仅半年,刘禹锡便连搬了三次家。他忙里偷闲,常在这间简陋的书室里休息。陋室的阶前长满绿苔,帘外是一片草地,环境十分恬静幽雅。他在那里或吟咏诗章,或搦(nuò)管(执笔)撰文,先后写了《历阳书事一十韵》、《望夫石》、《和州刺史厅壁记》等篇什。除吟诗作文外,他或凭几阅读金经,或倚窗调弄素琴,或高朋贵友络绎临门,深得闲情三昧于陋室之中的逸趣雅兴,感到自得其乐。

　　这时候,刘禹锡一方面为了勉励自己,表现不同流俗的情趣;另方面想到这狗官欺人太甚了,于是愤然提笔,挥写了这个千古流传的《陋室铭》。"山不在高,有仙则名。水不在深,有龙则灵"便是该文中的名句。

赏 析
shang xi

"山不在高,有仙则名。水不在深,有龙则灵。"这几句采用托物言志的写法。以有仙之山,有龙之水比喻"陋室",表达"陋室"也具有"名"与"灵"的性质,从而说明"陋室"值得铭颂,不在其陋,而在身居"陋室"的人品德高尚。同时也说明,只要是才高德重的人,即便居住处偏僻简陋,人们也会敬慕。

士不可以不弘毅,任重而道远

【名句】

shì bù kě yǐ bù hóng yì　rèn zhòng ér dào yuǎn
士 不 可 以 不 弘 毅①,任 重 而 道 远。

【出典】

《论语·泰伯》。

【注释】

①弘毅:"弘",广大,开阔,宽广。"毅",坚强,果敢,刚毅。宋代儒学家程颢解说:"弘而不毅,则无规矩而难立;毅而不弘,则隘陋而无以居之。""弘大刚毅,然后能胜重任而远到。"

【译文】

读书人不可以不心胸宽广大度,意志刚强坚韧,因为他重任在身而路程遥远。

【原作】

曾子曰:"士不可以不弘毅,任重而道远。仁以为己任,不亦重乎?死而后已,不亦远乎?"

【作者小传】(见第2页)

曾子教学，在主体和绝大多数方面确实是师承孔子，但在弘扬孔学的同时，他自己也有许多独到的见解，这大约也正是曾子所以能够成为孔子的传人，而不是别人成为孔门第二代掌门的原因。

孔子一贯主张仁者爱人，有教无类，达则兼济天下，困则独善其身。而曾参却在进行仁德教育的同时特别强调个人的人生理想和坚定的意志。以致有一次，一个弟子竟然问曾子："您为什么总强调我们要有坚定的意志呢？听说祖师孔子并没有这样强调啊！"

曾子针对这个问题是这样回答的："读书人当然不能没有坚强的意志、恢弘的心胸啊！试想一下，一个懦弱的人，一个遇到困难就中途退缩的人，一个小肚鸡肠、与人不可共事的人，他又怎么可以完成仁者普济天下的重任呢？"

弟子已似乎明白了老师的意思，说道："我明白了，老师所以要我们刚强而有毅力，原来和祖师孔子的倡导是密不可分的。"

曾子看到弟子已经领悟了精神实质，高兴地笑了。"士不可以不弘毅，任重而道远"便是这个故事中的名句。

赏析
shang xi

"士不可以不弘毅，任重而道远。"曾子这句话非常有名。曾子所指的"士"是对读书人的统称。他认为一个读书人应该胸襟宽大，气度宽宏，眼光远大而刚毅决断，只有这样才能为国家、为社会承担起应尽的责任。这样的责任沉重而久远，这是由读书人实践仁道的理想决定的。

孔子所讲的仁道，精神就在于以仁爱的态度来对待国家、社会和别人，为此就要承担起救世救人的责任。这种责任在人生的道路上，在历史的道路上，没有停止的时候，要一直到死。所以读书人必须对此做好准备，也以此作为自己学问修养的目的。

实迷途其未远,觉今是而昨非

【名句】

shí mí tú qí wèi yuǎn　jué jīn shì ér zuó fēi
实 迷 途 其 未 远 ①,觉 今 是 而 昨 非②。

【出典】

东晋陶渊明《归去来辞》。

【注释】

①迷途:迷失路途,指出仕。其:大概。

②觉:觉察,觉悟。是:正确。非:错误。

【译文】

确实迷途还不算远,觉察到今天的正确,昨天的错误。

【原作】

归去来兮,田园将芜,胡不归?既自以心为形役,奚惆怅而独悲。悟已往之不谏,知来者之可追。实迷途其未远,觉今是而昨非……

【作者小传】(见第8页)

　　陶渊明的曾祖父是战功卓著的大司马陶侃,为晋王朝立过大功。但当陶渊明降临到这个世界上时,陶家已衰落了。

　　陶渊明小时候虽然生活在贫寒家境中,但毕竟是名门后代,还有条件阅读大量书籍,整天沉浸在古书中。随着年龄的增长,他一方面爱好大自然,向往过一种恬淡自由的生活;另一方面又渴望展翅高飞,实现济世安民的理想。

东晋时代保存着森严的等级制度,豪门大族控制了朝政。陶渊明虽然出身名门之后,仍然是低级的士族,不可能在政治上有所作为。他只得用远离尘世,洁身自好的生活态度来反抗污浊的现实。

在他28岁那年,他写了《五柳先生传》,这是一篇自况和实录的文章,表明了他早年的生活态度,五柳先生则是他的自我写照。

后来,亲戚朋友看他实在太清苦,劝他出去谋个官职。29岁那年,他得了江州祭酒这样一个小官,但很快就因忍受不了官场的琐碎事务而辞官。

以后,他又当过镇军参军、建威参军那样没有实际地位的小官,但因为他和当时混浊的官场总是格格不入,当官的日子也很短。

没有官俸,陶渊明一家生计更加一天比一天困难。他不得不去参加一些耕作劳动。但一个文弱书生,靠耕种也难以维持全家生活。家中常常出现米缸空的困境。

在亲友的劝告和推荐下,他再次违心地出任彭泽县县令。

这年年终,陶渊明到任还不满三个月,郡里派来一个督邮到彭泽视察。县吏请陶渊明穿戴官服去迎接。

陶渊明最讨厌这种倚官仗势的官吏,他傲然地说:"我才不愿意为了这五斗米的官俸,去向乡里小人低头哈腰呢!"

陶渊明知道得罪了督邮,他的县令也不可能当下去,正好他的妹妹在武昌去世,他借口奔丧,交卸官事,回柴桑老家去了。

回家后,他为了表达恬淡自在的心情,于是挥笔写了这篇《归去来兮辞》,"实迷途其未远,觉今是而昨非"便是该文中的名句。

赏析

"实迷途其未远,觉今是而昨非。"这两句原指陶渊明觉察到自己现在弃官是正确的,过去到官场上去追求功名利禄是错误的,这是违心的做法。现在引用这两句话,多用于说明现在的所作所为是对的,而以往的所作所为是错误的,应当抛弃。

四海之内，皆兄弟也

【名句】

sì hǎi zhī nèi   jiē xiōng dì yě
四 海 之 内①，皆 兄 弟 也②。

【出典】

《论语·颜渊》。

【注释】

①四海：指天下。
②皆：都是。

【译文】

普天下的人都是亲密兄弟。

【原作】

司马牛忧曰："人皆有兄弟，我独亡。"子夏曰："商闻之矣：死生有命，富贵在天。君子敬而无失，与人恭而有礼。四海之内，皆兄弟也——君子何患乎无兄弟也？"

【作者小传】（见第2页）

春秋时宋国的景公当政，司马桓魋（tuí）专权。这个人骄横无礼，不可一世。孔子游学经过宋国，每天带着学生在一棵枝叶繁盛的大树下学习礼乐。桓魋怕宋景公会请孔子来参与国政，竟然亲自率领家将要来杀孔子。幸得那时孔子不在大树下，桓魋就下令砍掉这棵大树，以表示厌恶和驱逐的意思。孔子于是离开宋国。

桓魋专权狂妄,引起了景公的反感。君臣之间互相猜忌。景公想除掉桓魋,桓魋也处心积虑要推翻景公。

桓魋首先发难,他找个理由请景公到封地来祭祀祖先并赴宴。景公佯作同意,却派出心腹去侦察。侦察者发现,桓魋已经把他的家将武装起来,埋伏在景公预约来赴宴的地方。

景公当然不去赴约,并且下令讨伐桓魋。两军交战,却未能擒获桓魋。桓魋逃到曹国,又招兵买马来攻宋国,索性公开叛乱了。

桓魋如此凶恶,偏偏他的弟弟司马牛是个好学向上的青年,而且投师孔门做了孔子的学生。当他随孔子游学而听到哥哥谋反出逃的消息后,心里很难受。他对同学子夏说:

"唉,人都有兄弟,而我的哥哥已经叛国,我也没有这个哥哥了。"

子夏很同情他,也知道他一向与桓魋志趣相异,便安慰他道:

"不要忧虑吧!一个君子,只要严肃认真地看待一切,对所有的人都恭敬而注意礼法,那么,'四海之内,皆兄弟也',不必为没有亲生的兄弟而忧伤!"

子夏在同学烦恼时用这些话来劝慰他,当然是正确而有效的,这句话也因此流传下来。

赏 析

"四海之内,皆兄弟也。"这是司马牛料到他兄长桓魋谋反不久就会死去,子夏劝司马牛说的这句话。子夏在这里表达了两层意思:一是自己不能决定的事情就不要去反复琢磨、苦恼自己,最好是听其自然;二是自己把能做的事情做好,就会赢得尊敬与友谊,所以只要努力去做就行了。

子夏把听其自然的豁达态度与乐观进取的积极精神在这里恰当地结合起来,也体现了孔子的一贯思想。孔子认为"人不知而不愠,不亦君子乎",这表达了一种不依赖于外界评价的自觉、自足的自我修养境界。

三人行必有我师

【名句】

sān rén xíng bì yǒu wǒ shī
三 人 行 必 有 我 师①。

【出典】

《论语·述而》。

【注释】

①必：一定。师：老师。

【译文】

三个人一同走路，其他两个人中，必定有值得学习，可以当我老师的。

【原作】

子曰："三人行，必有我师焉；择其善者而从之，其不善者而改之。"

【作者小传】(见第2页)

故 事

　　孔子治学严谨，道德文章皆出天下人一头，这使得他的弟子们既敬佩又自豪，庆幸有这么一位最好的老师。可是，老师的学问又是从哪里来的呢？总不能是娘肚子里面带来的吧？老师一定也有老师，而且肯定是位德高望重的名家祖师。

　　几个人讨论一番，实在找不出个头绪，于是只好来向孔子请教。而孔子在问明来意之后，只是不在意地说："我的老师啊，那可多了，怕是我自己也数不清呢。"

弟子们你看看我,我看看你,忙问孔子:"老师,既然很多,何不为我们指明一二呢?"

孔子说:"比如说吧,只要有三个人在一起走路,其中就一定有人可做我的老师。人啊,不一定要十全十美,但总有某一方面是突出的,只要人家某一点比我强,我就甘愿向人家学习。"

弟子们这才明白了老师的老师是谁,而且更重要的是学到了一种最可靠的求知手段。

"三人行必有我师",这是孔子的主张,关键是在于自己是否善于学习。

同时,这句话是他对"见贤思齐,见不贤而内自省"的修身理论的发挥。孔子主张认真进行自我修养的人可以从各种人身上获得启发,得到正面或反面的借鉴。这是孔子的重要的自我修养的方法。这句话也因此为人所称颂。

生子当如孙仲谋

【名句】

shēng zǐ dāng rú sūn zhòng móu
生 子 当 如 孙 仲 谋①。

【出典】

西晋陈寿《三国志·吴书·吴主孙权传》。

【注释】

①生子:生儿子。孙仲谋:孙权的字为仲谋。

【译文】

生儿子应当像孙权一样有才能。

【原作】

权乃自来,乘轻船,从濡须口入公军。诸将皆以为是挑战者,欲击之。公曰:"此必孙权欲身见吾军部伍也。"敕军中皆精严,弓弩不得妄发。权行五六里,回还作鼓吹。公见舟船器仗军伍整肃,喟然叹曰:"生子当如孙仲谋,刘景升儿子若豚犬耳!"

【作者小传】(见第111页)

孙权字仲谋,是三国吴王,后来继蜀汉刘备之后称帝,魏、蜀、吴形成三国鼎立的局势。

孙权19岁就因哥哥孙策被刺而继任为东吴之主。他信用张昭、周瑜、程普、鲁肃,把东吴治理得井井有条。八年之后,孙权与刘备联合,在赤壁之战中大败曹操八十三万大军。

事隔三年,曹操又发兵征吴,攻打濡(rú)须(今安徽无为东南)。孙权亲率三军相拒。曹操大军驻扎在濡须口西岸,孙权坐一艘战船,率领一船水兵,乘夜色朦胧,驶进濡须口来侦察曹军部伍虚实。

曹操闻报,出营来下令:

"让孙权看看我大军的军容,我也要看看他的水军船队怎么样——看他一个船队,可以想见他全军的面貌。"

于是,曹营既不出兵,也不放箭,任着孙权的船队前行了五六里。孙权觉得已经见到了曹营严密的防卫和旺盛的士气,才命令回程,到了离濡须口不远,还大胆地命令船上击鼓奏乐。

曹操听到鼓乐声,也下令:

"孙权向我辞别,我也不可不与他送行,鸣鼓射箭!"

船队还在射程以内,幸得早有厚厚的稻草芦苇护着,一会儿船的两舷射满了利箭,使船身都向一边倾斜了。孙权令把船掉头,让另一面也受箭,两舷分量接近,船身恢复平衡,才重新顺利地驶出濡须口回营。

曹操在西岸营寨,看到孙权的船队军伍整肃,器仗鲜明,在水中来去如飞,而孙权在处理突发事件时又是那么镇定有急智,不觉对左右感慨地说:

"啊!生子当如孙仲谋,至于像刘表的儿子,那简直是猪儿犬子罢了!"

刘表是原来的荆州刺史,刘表死,曹操兵临荆州,他儿子刘琮就望风投降,断送了父亲留下的基业。

孙权和曹操是敌对的双方。孙权能得到敌方统帅这样的赞誉,当然是很不容易的。

 **赏 析**

"生子当如孙仲谋",这是曹操称赞孙权很有才能。也许因为受到孙权才气的感染和启发,在公元214年,曹操下达《求贤令》,说:"有德行的人不一定有作为,有作为的人不一定有德行。主管人事大权的人必须明白这一点,那么人才就不会被遗漏、埋没。"可见,曹操对孙权这样的人才多么赏识。此外,"英雄所见略同",宋朝辛弃疾在《南乡子·登京口北固亭有怀》中也写道:"天下英雄谁敌手?曹刘。生子当如孙仲谋。"辛弃疾表达了对孙权的敬仰之情。

生,我所欲也;义,亦我所欲也。
二者不可得兼,舍生而取义者也

【名句】

shēng　　wǒ suǒ yù yě　　yì　　yì wǒ suǒ yù yě　èr zhě bù kě dé jiān shě
生 ①,我 所 欲 也②;义③,亦 我 所 欲 也。二 者 不 可 得 兼,舍

shēng ér qǔ yì zhě yě
生 而 取 义 者 也。

【出典】

《孟子·告子上》。

【注释】

①生:生命。

②欲:想要的。

③义:正义。

【译文】

生命是我所想要的,正义也是我所想要的,如果两者不能同时得到,就舍弃生命而取正义。

【原作】

孟子曰:鱼,我所欲也;熊掌,亦我所欲也。二者不可得兼,舍鱼而取熊掌者也。生,我所欲也;义,亦我所欲也。二者不可得兼,舍生而取义者也……

【作者小传】(见第 17 页)

孟子名轲,邹国人。邹是鲁国附近的小国,孟子原是鲁国贵族孟孙氏的后代,到孟子出世时,他的家族已经没落了。

孟子从小就死了父亲,由他母亲抚育成长。传说孟母为了使孟子受到良好的环境影响,曾多次搬家。原先孟子家靠近一个墓地,孟子和小伙伴们常到墓旁,学大人的样子,做堆土筑坟的游戏。孟母觉得那里不适宜孩子居住,就搬了家。

新搬的地方靠近市场,孟子又学起吆喝叫卖来,孟母觉得对孩子影响不好,再一次搬到学宫附近。

在学宫附近,孟子耳濡目染,模仿学宫里的祭祀仪式,自然而然学到许多礼节规矩,孟母才决定定居下来。

这就是被人传诵的"孟母三迁"的故事,说明孟子从小就受到良好的母教和邹鲁学风的影响。

孟子学有成就之后,很想施展自己的抱负,推行儒家的政治主张。他见过梁惠王,在齐宣王那里当过客卿;又游说过滕、鲁、宋等国,可是各国国君,表面上很尊敬他,但并不重用他,往往用送钱送礼的办法打发他出境。

孟子年老了,他不再外出游说,就同他的学生万章、公孙丑等一起讨论学问,著书立说。《孟子》就是他和他的学生们共同编写的一部重要著作。

孟子认为,人的本能固然是求生而恶死,但世上还存在比生命更重要的东西,也存在比死亡更可怕的东西,那就是"义"与"不义"。"义"是人类最宝贵的东西,维护正义是人类最崇高的行为。为了"义"人们可以不躲避祸患,直至献出自己的宝贵生命。一个真正的人,决不因贪生怕死而干不正义之事。孟子从他"性善论"——天赋人性本善出发,认为人生来就有羞耻心,这种善心,可以帮助人们在"义"与"不义"之间作出正确的选择。但有的人却因经不起利欲的诱惑,丧失了这种善心,干出见利忘义的事;而那些敢于坚守正义的贤人,只不过是能够自觉保持和发扬这种本性之善心罢了;而实际上,羞耻之心人皆有之,只要敢于见义勇为,敢于舍生取义,人人都可以不失去本性之善心的。

　　孟子为了说明关于培养见义勇为以至于舍生取义的美德的一番议论,于是就写了《鱼我所欲也》这篇著名的议论文。"生,我所欲也;义,亦我所欲也。二者不可得兼,舍生而取义者也。"便是该文中的名句。

赏 析
shang xi

　　"生,我所欲也;义,亦我所欲也。二者不可得兼,舍生而取义者也。"这几句说明了生与死、生与义、死与义的种种矛盾,而义最大,所以君子无论处在何种境况都应以义为先。成语"舍生取义"来源于此。后来常用"舍生取义"来泛指为了维护正义事业而牺牲自己的生命。

天时不如地利,地利不如人和

【名句】

tiān shí bù rú dì lì　dì lì bù rú rén hé
天 时 不 如 地 利①,地 利 不 如 人 和②。

【出典】

《孟子·公孙丑下》。

【注释】

①天时:指是否有利于战争的阴晴寒暑等自然条件。地利:指高城深池、山川险阻等地理条件。

②人和:指人心所向的内部团结。

【译文】

有利的自然条件不如有利的地理条件,有利的地理条件不如人心所向的内部团结。

【原作】

孟子曰:"天时不如地利,地利不如人和。三里之城,七里之郭,环而攻之而不胜。夫环而攻之,必有得天时者矣;然而不胜者,是天时不如地利也。城非不高也,池非不深也,兵革非不坚利也,米粟非不多也;委而去之,是地利不如人和也。"

【作者小传】（见第 17 页）

孟子十分关心天下大事,且极力主张仁政治国。有一次,一位弟子问治国之首要条件是什么时,孟子说:"天时不如地利,地利不如人和。"

什么叫天时呢? 天时就是大的自然气候,也指天意。地利就是地形,或险要,或平坦。人和就是人与人的团结和睦,人心所向。

孟子说:"三里之城,七里之郭。把它包围起来进攻它,可是不能取得胜利。敌人要包围起来进攻它,一定要趁着有利的天时来的,但是还不能取胜,那是天时不如地利;城很高,护城的池水也很深,城里的兵器也很坚利,粮食也很多。可是城却守不住,自己弃城而去,那就是地利不如人和啊;所以说,限制人民不必靠国家的边界,保卫国家不必靠山川的险阻,使天下威服不必靠武器的锐利。行仁政的人,帮助他的人就多;不行仁政的人,帮助他的人就少。帮助的人少到极点的时候,就连他自己的亲人也背叛他,离开他。帮助的人多到极点的时候,天下的人都归顺他。以天下人都归顺的力量攻打那些亲人都背叛他的人,所以以仁德之君不战则已,一战必胜。"

历史上有名的武王伐纣,就是一个例子。那时候纣王残暴无道,武王起兵讨伐。武王的军队所到之处,受到人民的欢迎,纣王很快就灭亡了。还有齐宣王五年,燕国的国君让位于相国之子,激起人民的不满,齐宣王出兵伐燕。燕国的人民也欢迎齐国的军队,燕军竟大开城门,不战自退。

孟子总结了历史上许多经验教训,得出了"天时不如地利,地利不如人和"的著名论断。他的论述有理有据,闻者无不叹服。

 **赏 析**
shang xi

"天时不如地利,地利不如人和。"这是孟子总结历史与现实的经验教训,提出的著名主张。他通过对天时、地利、人和三个条件的比较,认为在战争中有利的自然条件不如有利的地理条件, 有利的地理条件不如人心所向的内部团结,这就强调了战争胜负的关键在于民心的向背。

在战争胜负问题上,孟子通过对战争双方天时、地利、人和等条件的比较,认为天时不如地利,地利不如人和。当然,这只是在三者相比较的意义上而言的,并不是否认天时、地利的自然条件和地理条件。孟子认为,战争的胜负不仅在于天时、地利等自然、地理条件的对比,而且更重要的是在于民心所向的内部团结。孟子这一思想,在中国历史上具有积极的进步意义。

天下事有难易乎?为之,则难者亦易矣; 不为,则易者亦难矣

【名句】

tiān xià shì yǒu nán yì hū wéi zhī zé nán zhě yì yì yǐ bù wéi zé yì
天 下 事 有 难 易 乎?为 之,则 难 者 亦 易 矣①;不 为②,则 易

zhě yì nán yǐ
者 亦 难 矣。

【出典】

清彭端淑《为学》。

【注释】

①为之,则难者亦易矣:只要做,那么难的也容易了。
②不为:不去做。

【译文】

天下事有困难和容易的区别吗?只要去做,那么困难的也容易了;不做,那么容易的也困难了。

【原作】

天下事有难易乎?为之,则难者亦易矣;不为,则易者亦难矣。人之为学有难易乎?学之,则难者亦易矣;不学,则易者亦难矣……

【作者小传】

彭端淑(1697~1777),清诗文家。字仪一,号乐斋。四川丹棱人。雍正十一

年(1733)进士,接吏部主事,迁员外郎、郎中,出为广东肇罗道,为官清廉有政绩。赋归后家居十余年,主锦江书院讲席,以实学造士,多所成就。有文名,与弟肇洙、遵泗号"三彭"。古文学《左传》、《史记》,诗质实厚重,尤工五古,张维屏以为"苍健沉郁,大有杜意,似非船山所能及"。著有《白鹤堂文稿》、《晚年自订诗稿》、《戊戌草》、《雪夜诗谈》。

故 事

清代学者彭端淑讲了一个有趣的故事。

四川边境地方有两个和尚,一个很有钱,一个却很穷。

一天,穷和尚对富和尚说:"我想到南海去朝佛,你说行不行?"南海就是中国四大佛教圣地之一的普陀山,在东海的一个小岛上。古代交通不便,从四川到那儿去,要经过千山万水,的确是很不容易的。所以,富和尚就问他说:"你凭什么条件到那儿去呢?"

穷和尚说:"我有一个水瓶、一个饭钵,这就足够了。"

富和尚冷笑一声说:"就是我,多年来想雇船到南海去朝佛,也不能如愿;你凭一瓶一钵,能到得了南海吗?你太不自量力了!"

穷和尚没有理他,带着他的水瓶和饭钵上路了。

一年后,穷和尚从南海回到了四川。他去看了富和尚,告诉他南海朝佛的一路见闻,富和尚听了,觉得非常惭愧。

彭端淑用这个故事写了《为学》这篇文章,"天下事有难易乎?为之,则难者亦易矣;不为,则易者亦难矣",便是该文中的名句。

赏 析

shang xi

"天下事有难易乎?为之,则难者亦易矣;不为,则易者亦难矣。"这几句说明,天资平庸的人,只要勤学不倦,"难"就可以转化为"易",取得良好成绩;相反,如果不肯刻苦学习,即使是一个天资聪明的人,也会毫无成就。此外,它还说明,聪明和机敏,可以依赖,但又不能仅仅地依赖它;自己仗着聪明、机敏而不学习的人,是自己毁了自己。糊涂和平庸无能,可以阻止你前进,也可以阻止不了你前进;不让糊涂和平庸限制自己,而努力不倦学习的人,是靠自己的努力学成的。这个关于学习难易的辩证道理,确实非常深刻而有说服力,至今对我们仍有很大的启发。

天下兴亡,匹夫有责

【名句】

tiān xià xīng wáng　　pǐ fū yǒu zé
天 下 兴 亡①,匹 夫 有 责②。

【出典】

清顾炎武《日知录·正始》。

【注释】

①天下:指国家。

②匹夫:普通百姓。

【译文】

对国家的兴盛与衰亡的大事,每一个普通百姓都有责任。

【原作】

保天下者,匹夫之贱,与有责焉耳矣。

【作者小传】

顾炎武(1613~1682),明清之际思想家、诗文家。初名绛,字宁人,号亭林。江南昆山(今属江苏)人。少年时参加复社反宦官权贵斗争。及清兵南下,嗣母王氏殉国,乃参加昆山、嘉定一带人民抗清斗争,鲁王授兵部司事务,唐王授兵部职方郎。坚持民族气节不仕清,历游山东、京师、关外、浙东、山西、陕西等地,定居华阴,图谋复明。清康熙十七年(1678),大臣荐举博学鸿词科,誓死拒。与黄宗羲、王夫之并称清初三大儒,治经重考据,注意经世致用,反对空谈心性,开清代学术风气。强调博学于文,行己有耻,天下兴亡,匹夫有责。为古文雅正笃实,有物有序。诗沉雄悲壮,爱国精神强烈。著书繁富,不下50种,亡佚者近半,今存学术著作有《天下郡国利病书》、《肇域志》、《日知录》、《音学五书》,诗文有《顾亭林诗文集》。

1645年5月,清兵渡江,南京陷落。顾炎武家乡江苏昆山人民杀了投降清朝的知县,举兵抗清。顾炎武当时不过是个普通的读书人,但他在这民族危亡、百姓惨遭杀掠的时候,坚决贯彻了他"天下兴亡,匹夫有责"的主张,亲自参加了抗清队伍,还变卖了全部家产来筹措义军的钱粮。结果清人派大军把昆山重重包围,义军终因寡不敌众,兵败城陷,全城死难者4万余人。顾炎武的两个弟弟被害,生母何氏被清兵砍去右臂。继母王氏,在清兵入城后,坚持绝食15天,以死殉难。她临终时谆谆嘱咐顾炎武,要他保持民族气节,永远不要忘记自己国亡家破的惨痛事实。顾炎武含泪记住了母亲的遗言。

此后,他在苏州一带继续参加义军的抗清战争,同时奔走各地,暗中组织抗清力量。他又曾经单身北上,往返于山东、河北、山西、陕西一带,从事抗清活动。清朝凭借强大的兵力以及一些无耻汉奸的出卖,先后镇压了各地的抗清力量。顾炎武眼看大势已去,只能隐姓埋名,潜心读书和著作。

清朝在统治巩固以后,就用"软"的一手拉拢汉族士人出来做官。康熙十年,顾炎武原先熟悉的内阁大学士熊赐履劝他出来做官。顾炎武斩钉截铁地回答:"天下兴亡,匹夫有责。前朝的覆灭,你我难道没有责任?你要是逼我仕清,我只能以死相辞!"

康熙十七年,又有一些官员推荐他参加"博学鸿词"科考试,好让他做清朝的官。顾炎武立即用母亲的遗嘱予以拒绝。从此以后,顾炎武永远不再进北京城,以示他决不臣事清朝的态度。

顾炎武坚持"天下兴亡,匹夫有责"的信念。前半生,他为抗清复明奔走奋斗;后半生,他不怕威胁利诱,誓不与异族统治者合作。他曾多次冒着生命危险,偷偷到南京去祭奠明太祖的陵墓,至死不忘故国。"天下兴亡,匹夫有责"便是这个故事中的名句。

赏析
shang xi

"天下兴亡,匹夫有责。"这是在近代中国,每当外敌入侵、民族危急的时候,响起的一个激奋人心的口号,它鼓动着每一个中国人起来为民族和国家的生死存亡而斗争。人人应该关心国家大事,要有强烈的参政意识,发挥主人翁精神。我们不能像春秋时代那个曹刿的同乡,面临国家遭受侵犯,却说什么"肉食者谋之,又何间焉"的话。如果抱着让少数人去忧天下,而自己"何必去参与"的思想,来对待当前的改革和开放,那就会失去了自己作为国家主人翁的资格了。

天知、地知、我知、子知

【名句】

tiān zhī dì zhī   wǒ zhī zǐ zhī
天　知、地　知①、我　知、子　知②。

【出典】

南朝宋范晔《后汉书·杨震传》。

【注释】

①地知:神知道。

②子知:你知。

【译文】

天知道,神知道,我知道,你知道。

【原作】

大将军邓骘(zhì)闻其贤而辟之,举茂才(即秀才),四迁荆州刺史、东莱太守。当之郡,道经昌邑,故所举荆州茂才王密为昌邑令,谒见,至夜怀金十斤以遗震。震曰:"故人知君,君不知故人,何也?"密曰:"暮夜无知者。"震曰:"天知、地知、我知、子知。何谓无知!"密愧而出。

【作者小传】(见第10页)

东汉时的杨震,是历史上有名的清官。他50岁以前,一直在地方上立塾讲学,教授学生。50岁那年,由于他长期从事教育,声名远播;加上他为人清白正直,在社会上影响很大。朝廷便请他出来做官。

杨震在当荆州刺史时,曾推荐当地名士王密出任山东昌邑县令。

王密自从做了昌邑县令以后,一直很感激杨震对他的推荐,苦于无从报答。两年以后,杨震被调任为山东东莱太守。途经昌邑,在王密的县衙内歇息。

到了深夜,杨震正要安睡,县令王密忽然悄悄地走进房来。他见过杨震以后,就拿出10斤黄金,要送给杨震,说是为了报答杨震的大恩。

杨震吃了一惊,随即严肃地说:"我生平以清白要求自己,你难道不了解我的为人吗?"王密回答说:"现在是深夜,我送黄金来,没有一个人知道。"

杨震生气地说:"天知、地知、我知、你知,怎么能说没有人知道?"说着,把黄金交还到王密手中。王密十分惭愧地退了出来。

杨震做官期间,廉洁奉公,不准任何人送礼给他。他的家人仍然过着俭朴的生活。"食不鱼肉,行不车骑。"亲戚朋友劝他买些田,盖些房子,给子孙留些遗产,他都不愿意。他说:"让将来的人称我的子孙为清白吏的后代,这不是比给他们留下遗产好得多吗?"

"天知、地知、我知、子知"便是这个故事中的名句。

赏 析

"天知、地知、我知、子知",也叫"四不知"或清白吏,人们用它表示为官清廉,不受贿赂。杨震所说的"天知、地知,我知、子知",值得人们做任何一件"秘密"事的时候思考。你认为是秘密,实际上,既然做了,就已经存在于天地之间,掩抹不掉。所谓的"秘密"也只能是相对而言。所以,"天知、地知"并不是迷信有鬼神的意思。至于"我知、你知",那更是客观事实,而且不可能永远只限于"我"和"你"两个人知道。这正是"若要人不知,除非己不为",讲的就是这个道理。

听其言而观其行

【名句】

tīng qí yán ér guān qí xíng
听 其 言 而 观 其 行①。

【出典】

《论语·公冶长》。

【注释】

①听其言:听了他的话。观其行:观察他的行为。

【译文】

听了他的话,还要观察他做的事。

【原作】

宰予昼寝。子曰:"朽木不可雕也,粪土之墙不可圬(wū)也。于予与何诛?"子曰:"始吾于人也,听其言而信其行;今吾于人也,听其言而观其行。于予与改是。"

【作者小传】(见第2页)

故　事

　　孔子有许多弟子,其中有一个名叫宰予的,言辞美好,能说会道,说起话来娓娓动听,利口善辩。他开始给孔子留下的印象不错,孔子很喜欢这个弟子,以为他一定很有出息。可是不久,宰予暴露出一些毛病,既无仁德又十分懒惰。

　　宰予思想比较活跃,但有时不免过于大胆,而且也太自以为是。一次,鲁国的国君鲁哀公问宰予什么木料可以做宗庙祭祠的木料,宰予大胆地说:"夏代用松木，殷代用柏木，周代用栗木，用栗木的意思是使人民战栗。"孔子知道后，觉得宰予对鲁哀公有教唆的嫌疑，而且对周代的解释也有失公正，所以就批评了他。又有一次，宰予竟然向孔子提出要求把三年之丧的传统礼制改为一年，如此非礼的问题，也受到了孔子毫不客气的批评。

后来，宰予又问孔子一个古怪的问题："有仁德的人，你如果告诉他井里有仁德，他是不是也会跟着跳下去呢？"孔子听他这样问仁，觉得有失厚道，所以就对他说："你为什么要这样做呢？对待君子，你可以叫他远远走开，却不可以陷害他；可以欺骗他，却不可以愚弄他。"

一天，孔子给弟子讲课，发现宰予没有来听课，就派弟子去找。一会儿，去找的弟子回来报告说，宰予在房里睡大觉。孔子听了，十分生气。平时，宰予巧言利口，常常表达一种不合礼义的思想，本来已经让孔子不高兴了，如今又白天大模大样地睡起觉来，就越发让孔子感到失望。为此，孔子骂他是"朽木不可雕也"。

孔子感伤地总结道："腐烂的木头不能雕刻，粪土一样的墙壁不能粉刷。最初我听到别人的话，就相信他的行为一定与他说的一样；现在我听了别人的话之后，还要考察一下他的行为。从宰予这件事起，我改变了态度。"

孔子的另一个弟子叫澹台灭明，字子羽，鲁国人，比孔子小39岁。子羽的体态和相貌很丑陋，但他十分想侍奉孔子。孔子开始认为他资质低下，不会成才。但他从师学习后，回去就致力于修身实践，处事光明正大，不走邪路；不是为了公事，从不去会见公卿大夫。后来，子羽游历到长江，跟随他的弟子有三百人，声誉很高，各诸侯国都传诵他的名字。

孔子听了这件事，感慨地说："我只凭言辞判断人品质能力的好坏，结果对宰予的判断就错了；我只凭相貌判断人品质能力的好坏，结果对子羽的判断又错了。""听其言而观其行"这个名句便出自这则故事。

赏 析
shang xi

"听其言而观其行"，这是孔子提出的一个认识人的原则，就是观察一个人，不仅要听他的话，还要观察他的行为。俗话说，"知人知面不知心"，对人的认识，如果仅仅知道人的音容笑貌、仪表言谈并不难，困难的在于去全面认识其素养、道德品质。外在的言语与内在的品质之间并没有必然的联系，所以要观察一个人必须从观察其行为入手。

孔子这句名句是从他的实践中得到的真实体验。

桃李不言，下自成蹊

【名句】

tāo lǐ bù yán xià zì chéng xī
桃李不言，下自成蹊①。

【出典】

西汉司马迁《史记·李将军列传》。

【注释】

①蹊：田间小路。

【译文】

桃李不会说自己多么好吃，但人们纷纷去采摘，在树下踩出一条路来。

【原作】

太史公曰："传曰：'其身正，不令而行；其身不正，虽令不从。'其李将军之谓也！余睹李将军，悛悛如鄙人，口不能道辞。及死之日，天下知与不知，皆为尽哀。彼其忠实心诚信于士大夫也。谚曰：'桃李不言，下自成蹊。'此言虽小，可以喻大也。"

【作者小传】(见第 97 页)

　　汉朝初年，杰出的军事将领李广是一位难得的爱国英雄。他擅长骑射，英勇机智，沉着过人。担任上郡(今陕西与内蒙交界一带)太守时，他和匈奴打过不少恶仗。有一次，他率领部下百十人追击匈奴的神箭手，和一支匈奴骑兵大部队遭遇上，敌人有数千名之多。部下见敌众我寡，个个大惊失色，准备快马加鞭转身撤退。李广却说:"慢!我方的大营离这里数十里之远,现在我们要是转身逃跑,立即会被匈奴追上射杀干净。不如留在原地不动,匈奴一定会怀疑我方有伏兵,反而不敢进攻我们。"于是,他命令士兵全部下马卸鞍,解衣开怀,捉虱子晒太阳,听由坐骑走散四处吃草,一副悠闲自在的样子。匈奴人摸不透汉军葫芦里卖的啥药,不敢贸然上前进攻,又担心中了埋伏,相峙到黑夜时分,果然仓皇退去。由于李广临危镇定,终于化险为夷,挽救了全体将士的性命。

李广作战时如同猛虎,但平时却沉默寡言,对士兵特别体恤爱护。他与士兵一个锅里吃饭,一个帐篷里睡觉;行军口渴遇上水源时,不到士兵们喝够,他是不会向河水走近一步的;皇帝赏给他的物品,也总是与部下一同分享。为此,士兵们都非常爱戴他,跟随他作战都非常英勇。

李广一生和匈奴进行过大小七十多次战斗,立下了辉煌的战功,连匈奴的国王也不得不敬畏他的威名。可是汉朝的统治者始终没有重用他,相反,在他六十多岁高龄奉命出征与匈奴作战时,竟逼他自杀而死。他死的那天,全军将士个个失声痛哭。老百姓听到消息,也无不悲伤流泪。

司马迁在他的巨著《史记》中,以赞颂的激情,记叙了李广可歌可泣的一生。司马迁评价道:李将军生性耿直诚实,口才不好,看上去像个乡下的农民。但他死的时候,举国上下,无不为他默哀悲悼。俗话说:"桃李不言,下自成蹊。"这句话听起来多么平常,其实包含着深刻的道理呀!

赏 析

"桃李不言,下自成蹊。"这是说无言的桃李,果实累累,树下自然人来人往而走成了一条小路。常用以比喻只要品德高尚,为人诚实,不用自我标榜,也能感动别人,受人尊敬。或者用来说明有的人不尚虚名,但因为有实际成就或本领,人们自然归向他。

吾日三省吾身

【名句】

wú rì sān xǐng wú shēn
吾 日 三 省 吾 身①。

【出典】

《论语·学而篇》。

【注释】

①省：检查反省自己。吾身：自己。

【译文】

我每天多次检查反省自己。

【原作】

曾子曰："吾日三省吾身：为人谋而不忠乎？与朋友交而不信乎？传不习乎？"

【作者小传】（见第 2 页）

孔子去世后，曾子就开始自己做老师来教学生了。有一次，一位学生向曾

子请教:"老师!一个人如何做到善于省查、总结自己的经验教训,以便不断地完善自己的人格?"

曾子回答说:"你问得好呀!我每天都从如下三个方面来省查、总结自己的经验教训——

"第一省:为别人办事而不忠诚吗(为人谋而不忠乎)?我们必须讲究奉献精神,一个人只有无私奉献,心灵才会充实,品德才会高尚。这一点实际上就是我们的先师孔子所教导的'忠'的精神。

"第二省:跟朋友交往而不诚实吗(与朋友交而不信乎)?先师孔子曾经讲过'人而无信,不知其可',所以与朋友交往一定要讲究诚实和信誉,这样才能获得更多的知己。

"第三省:对于老师所传授的知识,自己复习了吗(传不习乎)?先师孔子经常对我们讲'学而时习之','温故而知新'。的确是如此。对于老师所传授的知识,或者从书本上学到的知识,我们只有经过反复不断的复习和实践,才能够真正吸收、并最终融化成自己生命中的活生生的知识,这种知识就不再是教条而束缚自己了。"

那位学生听了,对曾子说:"我一定铭记您的教导!按照您讲的方法来每天反省、检查自己。"

赏析

"吾日三省吾身。"这是曾子善于作自我检查的名句。曾子为人非常谦虚,每天这样的自我检查,虽然检查的内容不能说是最完善的,但是他的这种精神却是至今还值得人们学习的。从这里,我们可以清楚地看到,曾子对自己的要求是多么严格有恒心啊!而"吾日三省吾身"的话也就成了千百年来严于律己、勇于省察者的座右铭了。

吾尝终日而思矣,不如须臾之所学也

【名句】

wú cháng zhōng rì ér sī yǐ bù rú xū yú zhī suǒ xué yě
吾 尝 终 日而思矣,不如须臾之所学也①。

【出典】

《荀子·劝学》。

【注释】

①须臾:片刻。

【译文】

我曾经整天冥思苦想,但比不上片刻的时间来学习收获那么大。

【原作】

吾尝终日而思矣,不如须臾之所学也;吾尝跂而望矣,不如登高之博见也……

【作者小传】(见第 115 页)

　　荀子名况,当时人称他为荀卿。他曾游历齐、秦、楚各国。在齐国时,曾三次担任祭酒。在楚国时,曾两次担任过兰陵令。荀况向来被人认为是儒家,但他的思想与孔孟不相同。他反对孟子的性善论,主张性恶论,强调教育的重要作用。他反对迷信天命鬼神,主张发挥人的主观能动作用,认为人定胜天。

　　当时的学习风气不好,有的人不肯学习,有的人不善于学习,而荀子认为道德素养、知识才能都不能先天获得,而是通过后天学习得到的。他想到生活

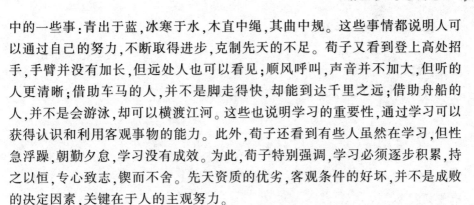

中的一些事:青出于蓝,冰寒于水,木直中绳,其曲中规。这些事情都说明人可以通过自己的努力,不断取得进步,克制先天的不足。荀子又看到登上高处招手,手臂并没有加长,但远处人也可以看见;顺风呼叫,声音并不加大,但听的人更清晰;借助车马的人,并不是脚走得快,却能到达千里之远;借助舟船的人,并不是会游泳,却可以横渡江河。这些也说明学习的重要性,通过学习可以获得认识和利用客观事物的能力。此外,荀子还看到有些人虽然在学习,但性急浮躁,朝勤夕怠,学习没有成效。为此,荀子特别强调,学习必须逐步积累,持之以恒,专心致志,锲而不舍。先天资质的优劣,客观条件的好坏,并不是成败的决定因素,关键在于人的主观努力。

荀子就这样想着想着,为了鼓励人们好学上进,刻苦努力,锲而不舍,也为了阐明学习的目的、意义、态度和方法,于是情不自禁地挥笔写了《劝学》,"吾尝终日而思矣,不如须臾之所学也",便是这篇文章中的名句。

赏 析
shang xi

"吾尝终日而思矣,不如须臾之所学也。"这两句话是强调学习不是靠冥思苦想得来的,只有用心学习,才有收获。同时,荀子在该文中强调了学习过程中要善于利用有利的环境和条件,还必须要专心,要有恒心,锲而不舍,才能有所得。

枉己者,未有能直人者

【名句】

wǎng jǐ zhě　wèi yǒu néng zhí rén zhě
枉 己 者①,未 有 能 直 人 者②。

【出典】

《孟子·滕文公下》。

【注释】

①枉己:屈辱自己。

②直人:使别人正直。

【译文】

自己不行正道的人,是不可能使别人正直的。

【原作】

《诗》云:"不失其驰,舍矢如破。"我不贯与小人乘,请辞。御者且羞与射者比,比而得禽兽虽若丘陵,弗为也。如枉道而从彼,何也?且子过矣,枉己者,未有能直人者。

【作者小传】(见第17页)

    有一次在齐国时,学生陈代对孟子的行为感到不可理解,便询问说:"您不肯轻易拜见诸侯,似乎是拘守小节吧!如果现在去拜见他们,得到实现自己主张的机会,大的可以成就王业,统一天下;小的可以成就霸业,称霸中国。而且《志》书上曾说:'委曲一尺,就能伸长八尺。'似乎可以按照这样的原则去做。"
    陈代的用意是劝说孟子小处委曲,以求得大的利益。孟子引述历史事例,阐述君子要坚持志向、节操而不能枉己从人的主张。他说:"从前齐景公打猎时,用召唤大夫的旌旗去召唤管理园林的官吏。这位官吏不听从召唤,齐景公十分恼怒,便下令诛杀他。孔子听到这件事,便称赞这位官吏说:'有志之士坚守节操,不怕死无葬身之地而弃尸山沟;勇敢的人见义而不怕丧失生命。'孔子之所以称赞他,就在于这位官吏拒不接受不合礼仪的使唤。如果不等诸侯的礼聘就贸然前往,那就是不自重而失去节操。"接着孟子说:"所谓枉尺直寻,纯粹是从追逐私利而谈的。如果只追逐私利,即使是枉曲了八尺而伸长一尺,也不是小利,难道就能去做吗?"孟子告诫陈代,不能因追逐私利而丧失人的节操。为了深入向陈代阐明这个道理,孟子又列举了王良为赵简的宠幸小臣奚驾车打猎的故事,评论说:驾车的人尚且把放弃准则而讨好拙劣的射手当做耻辱,如果放弃礼仪准则而迎合射手,猎获的禽兽纵使堆积如山,也是不能做到的。如果我屈辱自己的志向而去顺从诸侯,这究竟是为了什么呢?孟子直言不讳地批评陈代枉曲自己而顺从别人的错误。就这样,孟子提出了"枉己者,未有能直

人者"这句名句。

赏 析
shang xi

　　"枉己者,未有能直人者。"这是孟子关于不能首先端正自己,就不能端正别人的思想,强调保持人们的坚定志向、崇高气节、高尚独立自主的人格。他认为,君子拜见诸侯,是为了实现自己的主张和抱负,而不是追求富贵利禄。有志之士拥有的仁义节操和人格尊严,高于为政者拥有的富贵权势。君子只有保持坚定的志向和节操,才能不屈辱自己而顺从诸侯。孟子的名句,高扬了人的高尚气节和人格尊严,在中华民族历史上,许多有志之士为了保持高尚独立的人格,不畏权势,刚直不阿,就是深受孟子思想的熏陶和影响。

位尊而多金,前倨而后恭

【名句】

wèi zūn ér duō jīn　qián jù ér hòu gōng
位 尊 而 多 金①, 前 倨 而 后 恭②。

【出典】

西汉司马迁《史记·苏秦列传》。

【注释】

①位尊:地位尊贵。多金:很多金钱。
②倨:傲慢。恭:恭顺。

【译文】

地位尊贵而拥有许多金钱,先傲慢而后恭顺。

【原作】

　　周显王闻之恐惧,除道,使人郊劳。苏秦之昆弟妻嫂侧目不敢仰视,俯伏侍取食。苏秦笑谓其嫂曰:"何前倨而后恭也?"嫂委蛇(yí)蒲服,以面掩地而谢曰:"见季子(苏秦字季子)位高金多也。"

【作者小传】(见第 97 页)

战国时的苏秦引锥刺股,日夜不懈地奋发学习,终于取得了成功。他说服赵国君主奉行"合纵"政策,以赵国国相的身份,带着百辆军车、千捆锦绣、百双玉璧、万镒黄金,前呼后拥,去游说各诸侯国订立反秦同盟。

韩、魏、燕、齐等大国的诸侯,读了赵肃侯介绍情况的书信,听苏秦阐述了合纵策略的精神,都认为这确实是抵抗强秦蚕食的好办法。他们都请苏秦为本国国相,加赠他黄金兵车,推举他为合纵联盟的主持人。

接着,苏秦还要到楚国去游说楚王。他带着五国的兵车侍从,鲜衣怒马,经过洛阳。

消息早已传到洛阳,地方官通知了苏秦的家属。浩浩荡荡的队伍行经苏秦家乡时,他的父母早已把房屋扩充整修得焕然一新,全家跑到三十里外来迎接。一路上,乡邻亲属,纷纷奏乐设席,给苏秦贺喜。他妻子站在路上,侧着耳朵听苏秦的车轮在远处辘辘而来;队伍将靠近了,又眯着眼寻找苏秦坐在哪辆车上。

苏秦的嫂子,穿戴得整整齐齐,很早就跪在路旁等候了。待苏秦停车下来。她像蛇一样地匍匐爬行到苏秦跟前,叩着头向苏秦问安请罪。

苏秦看了看,笑着问:

"嫂子,为什么从前那样倨傲,看到我眯也不眯,而现在又这样卑躬屈膝啊?"

嫂子倒很老实,立即回答说:

"因为现在叔叔你地位高、黄金多啊!"

苏秦也不去计较嫂子那种"位尊而多金,前倨而后恭"的势利作风,只是叹息道:

"唉,贫穷的人,连父母都不认他为儿子;富贵的人,就受到亲戚如此的敬畏。人生在世,难道就该那么重视权势、地位和金钱吗?""位尊而多金,前倨而后恭"便是这故事中的名句。

赏 析
shang xi

　　"位尊而多金,前倨而后恭。"这两句是说,有了地位和金钱,前后态度截然不同。在漫长的封建社会中,看重金钱权势,不讲情义廉耻的人和事是十分普遍的。穷人发了财、平民做了官,原先看不起他们的人会马上谄媚趋奉,所以会有"前倨而后恭"的现象。现在,人们用它来形容那些见风使舵,态度变化无常的势利小人。

文武之道,一张一弛

【名句】

　wén wǔ zhī dào　yì zhāng yì chí
　文 武 之 道①,一 张 一 弛②。

【出典】

《礼记·杂记下》。

【注释】

①文武之道:周文王、周武王的治国之道。
②张:拉紧。弛:放松。

【译文】

周文王和周武王治理天下该严则严,该松则松,很有章法。

【原作】

　　子贡观于蜡(zhà),孔子曰:"赐(子贡)也乐乎?"对曰:"一国之人皆若狂,赐未识其乐也。"子曰:"百日之蜡,一日之泽,非尔所知也。张而不弛,文武弗能也;弛而不张,文武弗为也。一张一弛,文武之道也。"

【作者小传】(见第69页)

我国周代，有一个广为流传的民间习俗：每年农历十二月，人们要挑选一个日子，聚集在一起开怀畅饮，尽情欢乐，以祭祀百神，祈求神灵降福。人们把这一天称为蜡节。

有一次，孔子的学生子贡去观看蜡节活动，孔子问道："你看到蜡节的场面，心中感到快活吗？"子贡回答道："举国上下，人人都欣喜若狂，我真不明白他们为什么这般高兴！"孔子解释道："人们对祭祀活动盼望已久，在这一天里享受神灵的恩泽，其中的欢欣心情，你是体会不到的。他们成年累月地辛勤劳作，偶然欢度这么一个节日，难道不应该吗？这就如同拉弓射箭一样，一直把弓拉得很紧，而不松弛一下，这是周文王和周武王做不到的；把弓放松，不肯拉紧，这是周文王和周武王不屑为之事。有张有弛，才是周文王和周武王治理天下的好办法。"子贡听了，老师的话非常有理，高兴地点头笑了。"文武之道，一张一弛"便是这个故事中的名句。

"文武之道，一张一弛。"这是孔子解释周文王和周武王的治国之道。事实上，弓拉得过紧，就容易折断；弓放松不拉，就无法把箭射出去。治理国家如同拉弓射箭，把百姓逼得太紧，他们就会造反；对他们管理太松，他们又不干活。应该对他们有紧有松。该严则严，该松则松，章法严明。现在人们多用它比喻工作、学习和生活要遵循规律，善于调节，有节奏地予以安排。

文质彬彬，然后君子

【名句】

wén zhì bīn bīn　rán hòu jūn zǐ
文　质　彬　彬①，然　后　君　子②。

【出典】

《论语·雍也》。

【注释】

①文:文采,华丽的装饰,外在的礼仪。孔子认为,礼乐是文。质:质地,质朴、朴实的内容,内在的思想感情。孔子认为,仁义是质。彬彬:文质兼备相称;文与质互相融和,配合恰当。

②君子:思想、道德品质高尚的人。

【译文】

只有把文采与质朴配合恰当,然后才能成为君子。

【原作】

子曰:"质胜文则野,文胜质则史。文质彬彬,然后君子。"

【作者小传】(见第 2 页)

孔子在周游列国时,有一天他们的车马经过曹国(今山东菏泽)。曹国人对孔子的到来很冷淡,孔子知趣地快马加鞭,通过曹国都城。

天将近中午的时候,孔子和他的弟子们又困又乏,就在路边的树阴下勒马休息。孔子和弟子们又开始谈诗论道,谁也没有注意他们的马饿着了,挣脱缰绳,跑到旁边田里啃起了庄稼。

等到孔子他们歇足,要启程时才发现没有了马。这时,马已经啃倒了一大片庄稼。农夫发现后,便将马牵了过去。

子路见了,自告奋勇前去要马。他用手一指,大声喝道:"呔,小子,你凭什么把我们的马牵过去? 快还给我们。"本来已经很生气的农夫就更恼火了:"瞎眼了,你们的马把我的庄稼都啃了,我们家今年吃什么?"子路也火了:"快把马还给我,不然车上几十个人,都要跟着到你家里吃饭,你要不管饭饿死在你家里,你可要偿命啊!"说话间,子路瞪眼攥拳,农夫挥起铁锹,两个人就要打架。

善于外交和辞令的子贡见了,觉得自己的口才好可以说服人家,便急忙奔过去,向农夫作个揖,文绉绉地说道:"先生,真是对不起了,我们的牲口误食了您的庄稼,幸亏是一匹马,啃的庄稼不多,请您把马还给我们吧!"农夫怒气冲冲地说:"你说话讲道理,不像刚才那位那么凶,可是怎么,你还嫌啃的庄稼少吗?"尽管子贡不停地道歉,长篇大论地和农夫讲道理,可是农夫根本不听这一套。

这一切都被孔子看在眼里,他对子贡说:"你口才虽然很好,但不会同农夫说话呀。"说着,他让跟车的马夫去索要他们的马。

马夫走过去说:"大哥,你在东海耕种,一直种到西海。我的马拉车至此,快要饿死了,只好放它稍稍吃点儿路边的庄稼以求生。你的地如此宽广,我的马怎么能不吃你的庄稼呢?"那个农夫听了高兴,对他说:"说话就应当这样明白,哪像刚才他们说话,瞧那个斯文劲儿。"说着解开缰绳,把马交给马夫。

孔子含笑登车,对垂头丧气的子贡说:"你虽然口才出众,辩才过人,但你那都是应酬王公贵族的,对于粗野质朴的农夫,你就是外行了。"

"文质彬彬,然后君子。"便是该文中的名句。

赏　析

"文质彬彬,然后君子。"这是孔子对君子下的一个定义。所谓君子,就应该文采超过质朴,又有文和质比例匀称,才是个君子。这句话中的"质",是朴素的文质,"文"是人类自己加上去的许多经验、见解。在孔子的思想体系中,"文",指合乎礼的外在表现;"质",指内在的仁德;只有具备"仁"的内在品格,同时又能合乎"礼"地表现出来,这样才能成为"君子"。文与质的关系,亦即礼与仁的关系,二者是内容和形式的关系,必须恰当配合,不得有所偏废。

往者不可谏,来者犹可追

【名句】

wǎng zhě bù kě jiàn　lái zhě yóu kě zhuī
往　者 不 可 谏①,来 者 犹 可 追②。

【出典】

《论语·微子》。

【注释】

①谏:规劝,使改正错误。

②犹可追:尚可补救,还来得及改正。

【译文】

过去的事不可挽回了,将来的事还来得及改正。

【原作】

楚狂接舆歌而过孔子曰:"凤兮!凤兮!何德之衰?往者不可谏,来者犹可追。已而,已而,今之从政者殆而。"孔子下,欲与之言。趋而辟之,不得与之言。

【作者小传】(见第2页)

孔子师徒在楚国的时候,有一天迎面走来了一个人。孔子远远望去,觉得那人形象怪异,走近一看,只见他蓬头垢面,满脸胡须,长发披肩,身上的衣服破烂不堪,衣服破处布片随风飘扬,孔子心想:"这是一个隐者吗?"

那人来到孔子车前,突然两眼放光,然后在车前边走边唱:

凤兮,凤兮,(凤凰啊,凤凰啊,)

何德之衰?(德行为什么衰微了呢?)

往者不可谏,(过去的就让它过去吧,)

来者犹可追。(未来的尚可挽回。)

已而,已而,(算了吧,算了吧,)

今之从政者殆而!(当今从政者都是败类!)

孔子听到歌声,不由一怔,这歌词大有深意。他见那人脸上神情朗朗,两眼闪光,注视着自己,心想这人一定是唱给我听的。

孔子回味着这位"狂人"的嘲讽之歌。"凤兮,凤兮",他在肯定自己是凤凰,不同于一般鸟雀,更非乌鸦所能比。凤凰是百鸟之王,它的最大特点是道德高尚,有道之时则现形,遇无道之世则隐身。"何德之衰"是在嗟叹嘲讽自己现形于无道之世,道德衰微。以往的事情姑且不论,未来的事还来得及追悔。"已而,已而",是说现在这个时候还想做官从政,实在是太危险了,这是在告诫自己应该归隐了。孔子想到这里,觉得此人绝非一般隐者,他一定是一个学问极高,对世事看得很透彻的世外高人。这分明是在讽谏,哪里是什么狂人。

于是,孔子忙跳下车来,他想与那人深入探讨一番。谁知道这位楚国"狂人"见孔子下车,便急步走开了,头也不回,扬长而去,身后留下一阵狂笑声。"往者不可谏,来者犹可追"便是这个故事中的名句。

赏 析

"往者不可谏,来者犹可追。"这是楚国"狂人"接舆说的,其含义是很深的。意思是历史错了,是不能挽回的,但是你不要去怀念那过去的历史,而是应该开创未来。不过他唱给孔子听,这个意义更深远,等于对孔子说,你老是想把这个时代挽救过来,这是挽救不了的啊!这个时候想出来挽救这个时代,是非常危险的。

不过,"往者不可谏,来者犹可追"这句话现在被人们用来形容要着眼未来,而不要拘泥于过去的历史。

我善养吾浩然之气

【名句】

wǒ shàn yǎng wú hào rán zhī qì
我 善 养 吾 浩 然 之 气①。

【出典】

《孟子·公孙丑上》。

【注释】

①善养:善于培养。浩然之气:是一种处于高尚道德境界所具有的无所畏

惧的精神状态,是使人无所畏惧的天地正气。

【译文】

我长于修养我的浩然之气。

【原作】

公孙丑曰:"敢问夫子恶乎长?"

孟子曰:"我知言,我善养吾浩然之气。"

公孙丑曰:"敢问何谓浩然之气?"

孟子曰:"难言也。其为气也,至大至刚,以直养而无害,则塞于天地之间。其为气也,配义与道;无是馁也。是集义所生,非义袭而取之也。……"

【作者小传】(见第 17 页)

有一天,公孙丑问孟子说:"您在齐国做卿相,可以行您所说的道,齐国由此而成为霸主。如此,您动心吗?"

孟子说:"不!我不动心。"

公孙丑说:"要是这样,您可远远超过孟贲了。"

孟子说:"这并不难,告子就比我更不动心呢。"

公孙丑问:"不动心有什么方法吗?"

孟子说:"有。"

孟子说了一通不动心的话,公孙丑听着很感兴趣。听完孟子说他的不动心之道,他问孟子:"敢问您有什么长处吗?"

孟子说:"我善于剖析言辞,善养我的浩然之气。"

公孙丑问:"敢问您什么叫浩然之气?"

孟子说:"这可不好说啊。浩然之气所以为气,它至大至刚,只要养而无害,它就塞于天地之间,无处不在。它之所以为气,是合乎道义,并且可以助长道义,如果不是这样,那么它就不会充塞于天地之间。人做事有不满足之心,那么他体内就没有浩然之气。所以我说告子未必知道义怎么回事,说义是外在的东西。人做事可不必预期效果,但心里不能忘掉,也不能强行去助长那个效果。不要像宋国人那样。

有一个宋国人老是忧虑自己田里的禾苗长不大。有一天，他就把那些禾苗全都往上拔了一截，看起来比原来高出很多了。他既带着高兴的神情，也有着无知的那种茫然回到家里，对家人说：'今日真累，我把田里的禾苗拔长了。'他儿子听到他帮助禾苗长大，就跑到田里去看。结果，他看到自己田里的禾苗全都枯萎了。天下人没有不希望自己的禾苗长大的，以为没有什么用处而舍弃的是那些不管耕耘的人。可是为了帮助禾苗生长，却去把它拔高，不但没有益处，反而有害处。"

公孙丑听了孟子的话后，知道了浩然之气的形式、内容和培养方法，高兴地走了。

赏析
shang xi

"我善养吾浩然之气。"这是孟子讲的一种处于高尚道德境界的无所畏惧的精神状态。人们具有了它，就会勇往直前，无所畏惧；缺乏了它，就会无所作为。培养浩然之气的方法，是必须经过长期的道德修养，力行仁义，日积月累而形成的。人具有了浩然之气，形体上就能生死祸福置之度外而不动摇心意。孟子的浩然之气对后世产生了重要影响。无数的志士仁人，把孟子的浩然之气当做反抗外侮、捍卫民族尊严的重要精神武器。他们面临艰难危险而能刚直不阿，视死如归，英勇捐躯，谱写出一曲曲惊天动地、可歌可泣的正气歌。

学而不厌,诲人不倦

【名句】

xué ér bú yàn　 huì rén bú juàn
学 而 不 厌①,诲 人 不 倦②。

【出典】

《论语·述而》。

【注释】

①厌:通"餍"。本义是饱食。引申为满足,厌烦。
②诲:教诲,教导,诱导。

【译文】

学习永不满足,耐心地教导别人而不倦怠。

【原作】

子曰:"默而识之,学而不厌,诲人不倦,何有于我哉?"

【作者小传】(见第 2 页)

孔子治学,美名远扬。每走到一处,都有好多人前来拜访,共同谈经论道。一日,又有几位好友聚在一起,其中一位请教孔子:"先生,我周围的人都很仰慕您的人品学问,也很想知道您是怎样治学的,有没有什么秘诀可以授人呢?"

孔子笑道:"就算有吧。事实上,我这个人的特点就是喜爱古代文化,笃信古圣遗教,一心一意想从历史文化中寻找王道脉络。"

朋友又请教:"您在学术上的贡献也是众人皆知的,能不能总结一下您的治学精神呢?"

孔子答道:"说到治学,我当然是求学不倦的。更主要的是总能把所学过的东西默诵至熟,牢记于心。然后,又用自己所学的知识来传播文化,广颂王道,辅导弟子而广育英才。"

朋友颇受感染,插话道:"是啊,先生您在教学上那更是独树一帜了。能不能总结一下您教书育人的经验呢?"

孔子说:"经验嘛,也谈不上,我无非是勤于教导学生,永不倦怠罢了。"

"学而不厌,诲人不倦。"这是孔子的治学精神。这里,孔子所举两件事,表达了他求知学问的勤勉不息和教授弟子的满腔热忱,同时也是孔子从认识论和方法论对"学"与"教"(教诲)的合理总结。

学而不思则罔,思而不学则殆

【名句】

xué ér bù sī zé wǎng　sī ér bù xué zé dài
学 而 不 思 则 罔①,思 而 不 学 则 殆②。

【出典】

《论语·为政》。

【注释】

①思:思考,思维。罔:迷惑无所得。

②殆:精神懈怠。一说,没有信心。

【译文】

学习了,但不进行分析思考,那就会迷惑;而光思考但不学习,那就会松懈。

【原作】

子曰:"学而不思则罔,思而不学则殆。"

【作者小传】(见第2页)

孔子在教学中,十分重视启发学生思考,也十分赞赏善于思考的学生。他最喜爱的一个学生名叫颜回,是个最能自觉地思考的人。

颜回,字子渊,所以有的书上也称他为颜渊。他家里很穷,住在一个破破烂烂的巷子里,在一个竹篮子里盛饭,用一片葫芦瓢喝水。换了别人处在这样的环境里,将会成天为衣食不周而忧虑,颜回却把心思全放在学习上,什么困难都不能改变他从学习中获得的无穷乐趣。

孔子曾借着同另一个高材生子贡的对话,赞扬了颜回的聪明善于思考。孔子问子贡:"你觉得,你与颜回相比,谁更好些?"

子贡原是很聪明、学习很好的人,但他对老师的询问却只能如实回答:

"学生怎能与颜回相比。老师讲了一点,学生可以经过思考而理解另外两点,而颜回却能通过思考而联想、理解到十点。"

孔子点头认可说:"不但你不如他,连我也不如他啊!"

从颜回善于思考而进步最快的实例上,孔子更感到"思"的重要性,但是,思而不学当然也不行。孔子于是发现了一条学思结合的教学规律。这条规律是：

"学而不思则罔,思而不学则殆。"这是这个故事中的名句。

赏 析
shang xi

"学而不思则罔,思而不学则殆。"这是说,光学习老师或书本上讲的内容而不认真思考,你所学到的将是迷迷糊糊的,甚至还会受到假象的欺骗;光是凭着自己所接触到的狭隘经验来思考而不潜心学习,你就会产生许多疑惑,甚至走上危险的道路。这确实是一句很辩证的名言。学和思如果不能结合,就很难获得真正的知识。所以,学和思要紧密结合,才能获得良好的效果,才能做到融会贯通。

学而时习之,不亦说乎? 有朋
自远方来,不亦乐乎

【名句】

xué ér shí xí zhī bú yì yuè hū yǒu péng zì yuǎn fāng lái bú yì lè hū
学 而 时 习 之,不 亦 说 乎①? 有 朋 自 远 方 来,不 亦 乐 乎②?

【出典】

《论语·学而》。

【注释】

①习:巩固。说:同"悦",高兴,喜悦。
②乐:快乐。

【译文】

学习过的好东西时常复习,不也令人高兴吗? 有志同道合的人从远方来,不也快乐吗?

【原作】

子曰："学而时习之,不亦说乎?有朋自远方来,不亦乐乎?人不知而不愠,不亦君子乎?"

【作者小传】(见第2页)

孔子有一个老朋友,叫原壤。他可真是一个十分随便的人,一点儿也不遵从当时的礼节,还常常给孔子制造点儿麻烦。

孔子曾经用手杖敲他的腿,用挖苦的口气责备说:"你这个人啊,年轻时就不规矩,长大了还是无理调皮,还能有什么出息?唉,你没作出贡献来,老了还白吃粮食,可真是个害人精啊!"

话虽然这样说,但孔子还是非常珍视他们之间的友谊。虽然说"道不同,不相为谋",可孔子认为友谊与追求还是分开来看的,不能因为朋友的志向与自己的不同就不保持友情。

原壤的母亲死后,孔子前去帮助他料理丧事。然而,原壤可不买他这个账,不但不与孔子合作,还疯疯癫癫地跳到棺材上,使劲地敲打着棺材板,冲着孔子笑嘻嘻地唱了起来。孔子知道,原壤不过是以这种怪诞行为来反对他的"克己复礼"的主张,于是,他装聋作哑,只当是没看见、没有听见一样,自顾自地干他该干的事情。可是,跟随孔子的弟子们却忍不住了,气愤地说:"这样的朋友,难道还不应该同他绝交吗?"

孔子却丝毫也没有生气,他微笑着说:"你们没有听人们说过吗?原先同你亲近的人,你也应该一直亲近他;老朋友无论怎样也总是老朋友啊!"

孔子就是这样一个人,他总是用自己的言行来教育弟子同朋友们和睦相处。当他的朋友死后没人办丧事的时候,他总是自告奋勇地说:"由我来料理吧!"他认为苛求别人是很没有教养的表现,高尚的人应该对自己严格要求,所谓"君子求诸己,小人求诸人"。当然,孔子并不是一个盲目地附和朋友的人,他认为:

"君子和而不同,小人同而不和。"

就是说,有德行的人能相互和谐共处,但不盲目附和;小人盲目附和,却不能和谐共处。大概这也是原壤与孔子这两个有德而异志者保持友情的秘诀吧。

孔子的交友之道,是很值得我们学习的。他认为交朋友和学知识一样,只要有了乐观宽容的心态与积极向上的进取精神,就没有什么不成功的。因此,孔子在《论语·学而》中说了"学而时习之,不亦说乎?有朋自远方来,不亦乐乎"这两句名句。

赏析

"学而时习之,不亦说乎?有朋自远方来,不亦乐乎?"这段话简要地概括了孔子人生理想的两个方向:学习、交朋友。其中,他把学习放在首位。学习的内容就在于不断地求知致道、讲信修义。孔子在这里反复强调了"不亦乐乎",读书做学问的修养,自始至终,无非是要先自得其乐,然后才能"后天下而乐"。

"学而时习之,不亦说乎",现在多用前半句,说明"学"必须"习","习"是巩固、加深"学"的内容的有效方法,启发我们要不断学习。"有朋自远方来,不亦乐乎",现用于表示欢迎国际友人或远处来宾的欣喜心情。

先国家之急而后私仇

【名句】

xiān guó jiā zhī jí ér hòu sī chóu

先　国　家　之　急　而　后　私　仇①。

【出典】

西汉司马迁《史记·廉颇蔺相如列传》。

【注释】

①急:国家大事为重。私仇:个人的恩怨。

【译文】

我这样做的原因,是因为以国家大事为重,把个人的恩怨置之于后。

【原作】

相如曰:"夫以秦王之威,而相如廷叱之,辱其群臣,相如虽驽,独畏廉将军哉!顾吾念之,强秦之所以不敢加兵于赵者,徒以吾两人在也。今两虎共斗,其势不俱生,吾所以为此者,以先国家之急而后私仇也。"

【作者小传】(见第97页)

蔺相如原来是赵国的一名小官吏。当时强大的秦国讹诈赵国,想要夺取赵国的宝玉"和氏璧"。赵王派蔺相如带了璧去见秦王。蔺相如以勇气和智谋挫败了秦王,做到了"完璧归赵"。

不久,秦王又约赵王到渑(miǎn)池相会,在渑池会上,蔺相如又以他的机智和辩才,击退了秦国大臣的挑衅性污辱,维护了赵王的尊严。

赵王归国后,封蔺相如为上卿,地位在大将军廉颇之上。

廉颇是赵国的勇将,曾为了捍卫边疆大破齐国军队,驰骋沙场,立下了汗马功劳。现在,他见蔺相如的地位在自己之上,很不服气。他对门下的宾客说:"老夫为赵国攻城野战,功绩是以生命相搏、流血流汗换来的,蔺相如靠动动嘴巴,如今地位竟比我还高,我怎么能受得了这个气!"

廉颇扬言,见到蔺相如定要羞辱他一番。

蔺相如听人传来廉颇的话,就故意避开廉颇。朝廷集会,常告病假。出门时,见廉颇的车队从对面而来,立即命令绕路避让。

蔺相如的随从对此很有意见。他们说:

"您是上卿,地位最高,为什么害怕廉将军?这样到处躲避,连我们都感到羞耻,有些人都想要跟随廉将军去了。"

蔺相如劝他们不要介意,他问道:

"诸位看廉将军和秦王哪个更威风?"

"当然是秦王更威风。"

"是啊,秦王那样威严可怕,相如都敢于当面和他争执、辱骂他手下的大臣,一点儿也不觉得胆怯,难道我会怕廉将军?"蔺相如坦然地说。

"那您为什么处处退让、躲避他呢?"

"请想一想,强大的秦国为什么不敢来攻打赵国?只是因为赵国有我们两个人一文一武互相配合,如果两虎相斗,结果势必会一死一伤,秦国就会乘虚而入了。我所以处处退让,正是为了把国家的急难放在个人的私仇之上呀!"

宾客们听了都很佩服。话传到了廉颇耳中,廉颇顿觉无地自容,对蔺相如这种"先国家之急而后私仇"的宽阔胸怀十分敬佩,就背着荆杖到蔺相如府第去请罪,承认自己气量狭隘。从此,廉蔺二人同心为国,成了好朋友。

"先国家之急而后私仇"便是这个故事中的名句。

赏 析
shang xi

"先国家之急而后私仇",这句话表达了蔺相如以国家大局为重,置个人恩怨于后的思想境界。蔺相如处理自己与廉颇的关系,看起来只是"人与人之间的小事",他却自觉地把这件小事与赵国的稳定联系起来,表现了一个自觉的爱国者的境界和风度。他从赵国的国情出发,认识到秦国所以不敢侵犯赵国,就是因为赵国有廉颇和自己。要是将相不和,国家不堪设想,"先国家而后私仇"这句话所以掷地作金石声,原因就在这里。

先天下之忧而忧,后天下之乐而乐

【名句】

xiān tiān xià zhī yōu ér yōu hòu tiān xià zhī lè ér lè
先 天 下 之 忧 而 忧①,后 天 下 之 乐 而 乐。

【出典】

北宋范仲淹《岳阳楼记》。

【注释】

①天下:指天下的人们。

【译文】

在天下人未忧之前先忧,在天下人快乐之后才快乐。

【原作】

……嗟夫,予尝求古仁人之心,或异二者之为。何哉?不以物喜,不以己悲。居庙堂之高,则忧其民;处江湖之远,则忧其君;是进亦忧,退亦忧。然则何时而乐耶?其必曰先天下之忧而忧,后天下之乐而乐欤!噫!微斯人,吾谁与归!

【作者小传】

范仲淹(989~1052),北宋政治家、文学家。字希文。苏州吴县(今属江苏)人。真宗大中祥符八年(1015)中进士,曾任吏部员外郎,因忤吕夷简罢知饶州。针对北宋积弊,与富弼、欧阳修等推行"庆历新政"。因上十事疏为权贵不容,出为河东陕西宣抚使。皇祐四年卒于徐州,谥文正,追封楚国公,后追封魏国公。《四库全书总目》卷一五二称其"人品事业卓绝一时,本不借文章以传。其论著非虚饰词藻者所能比"。文多直陈时弊,抒写怀抱。代表作有《岳阳楼记》、《上执政书》、《上张右丞书》等。诗亦"高妙"(赵与虤《娱书堂诗话》),如《庐山瀑布》极具气势,《江上渔者》清新可诵。词亦擅长,初期词如《御街行》(纷纷坠叶飘香砌)、《苏幕遮·碧云天》等伤离怀远,情柔语丽;后历经磨练,词风一变而意境高旷,情调悲壮,《渔家傲》即为备受称颂之杰作。著有《范文正公集》传世。

范仲淹的父亲在他两岁时病故,家里很穷。母亲为了抚养范仲淹,不得已改嫁朱姓人家,将孩子改名为朱说。直到他长大后,范仲淹才知道自己的身世。27岁那年,他考取进士任官职后,恢复本姓,改名仲淹。

公元1040年,西夏国主元昊入侵宋西北,边境形势告急,宋仁宗派范仲淹与韩琦同为陕西经略安抚副使,又命他兼知延州。范仲淹在延州检阅军队,选用州兵一万八千人,由六名部将分别负责,日夜练兵。遇到西夏兵侵犯,根据敌兵多少,分头防御。西夏将士听到范仲淹的防御措施,说:"小范老子(指范仲淹)腹中自有数万甲兵,延州不可轻看啊!"

在西夏战争后,宋仁宗召范仲淹回朝,不久就任他为参知政事(副宰相)。

当时,宋朝政治腐败,纪律松弛,官吏贪暴,百姓贫困。范仲淹执政后,提出十项改革措施,得到仁宗的采纳。他联合了一些志同道合的大臣韩琦、富弼等,逐步推行改革,这就是历史上的"庆历新政"。

庆历新政的推行,触犯了一些官僚、贵族的利益,引起了他们的激烈反对。他们造谣诽谤,攻击范仲淹和他的同事结为朋党,一年以后,新政被迫停止,范仲淹也免去副相,先后贬谪到邠州(今陕西彬县)、邓州(今河南邓州)知州。

范仲淹在邓州时,他的好友滕宗谅也被贬谪在岳州(今湖南岳阳)。滕宗谅(字子京)和范仲淹同年考取进士,在政治上也是志同道合的挚友。宋夏战争时,滕宗谅任泾州(今属甘肃)知州,曾在范仲淹统率下防御西夏兵进犯有功,但是受到一些官僚歧视,他们诬告滕宗谅滥用公款,经范仲淹竭力营救,才只贬谪一级,先后把滕宗谅改任虢州、岳州知州。

滕宗谅到岳州后,把政事处理得井井有条,到了第二年,重修当地名胜岳阳楼,扩充原有规模,把唐代和当代诗人的诗赋刻在上面,并写信给范仲淹,要他写篇文章来记述这件事。

范仲淹知道滕宗谅对这次贬谪心里是委屈不平的,正好乘此机会来劝勉他和表达自己的思想。于是欣然提笔写下了这篇传世名篇《岳阳楼记》,"先天下之忧而忧,后天下之乐而乐"便是该文中的千古名句。

赏 析

"先天下之忧而忧,后天下之乐而乐。"这两句话写出了范仲淹宽广的胸怀和忧国忧民的大志。一个人,要着眼于天下人的忧或乐,而把个人的得失放在次要的地位。这是范仲淹对知识分子和一切有志者提出的期望,当然也包括对自己和朋友的勉励。范仲淹本人,也一生身体力行,努力追求着这种高尚境界。他以无比的热忱关注着国家,以一颗仁爱之心关怀着百姓。这两句名言是范仲淹精神面貌的崇高写照,也是中国历代有志之士奉为人生准则的不朽名言。

匈奴未灭,无以家为

【名句】

xiōng nú wèi miè   wú yǐ jiā wéi
匈 奴 未 灭①,无 以 家 为②。

【出典】

《史记·卫将军骠骑列传》。

【注释】

①匈奴：汉朝时的外敌。

②家为：考虑自己的家，也即安家的理由。

【译文】

匈奴还没有消灭，怎么能考虑自己的家呢！

【原作】

骠骑将军为人少言不泄，有气敢任。天子尝欲教之孙、吴兵法，对曰："顾方略何如耳，不至学古兵法。"天子为治第，令骠骑视之，对曰："匈奴未灭，何以家为也。"

【作者小传】(见第97页)

汉朝的霍去病是中国历史上罕见的年青而战功卓越的将领。

霍去病第一次参加战斗，就大获全胜。当时，他带着八百骑兵，袭击了草原上的匈奴营帐。霍去病一马当先，挥刀杀死了匈奴单于的叔祖父；单于的叔叔罗姑比也被俘虏了。汉武帝大为欣赏，18岁的霍去病立即被封为冠军侯。

两年以后，霍去病被升为骠(piào)骑将军，率领一万骑兵，从陇西出发去夺取被匈奴占领的河西走廊。他的军队和敌人激战六天，越过燕支山(今甘肃丹县东)，追击一千多里，一路上所向披靡，接连杀死两个匈奴王，消灭匈奴兵将八千余人，连休屠王的宝物祭天金人也缴获过来了。

霍去病随后又打了几次大胜仗，他的威望和地位已经和汉朝的大将军卫青并驾齐驱。这时，他才20岁。

元狩四年(前119)，霍去病在漠北战争中大获全胜，歼敌7万多人，并代表汉朝，在漠北的狼居胥(xū)山祭天告捷。从此以后，匈奴一蹶不振，远徙漠北，对汉朝的威胁大大减弱了。

汉武帝为了奖励霍去病,便给他建造了一座豪华的府第,让他自己去看看满意不满意。霍去病却回答说:"匈奴未灭,无以家为"。可惜霍去病不久就不幸病逝了,死时只有24岁。"匈奴未灭,无以家为"便是该文中的名句。

赏 析

"匈奴未灭,无以家为。"这是霍去病先国后家的名句。这名句突出强调了消灭敌人,是治国安邦和人民安家立业的前提和基础。历史证明,只有国家安定,社会才会统一、繁荣和发展;否则,国家不安定,社会就会分裂、混乱和倒退,甚至国家会灭亡。霍去病这句名句,深深扎根在中华民族心理之中,成为后世许多思想家、政治家和有志之士批判对外屈辱妥协的有力武器。宋代著名的政治家范仲淹写的"先天下之忧而忧,后天下之乐而乐"的著名诗句,与霍去病的影响是密不可分的。

小不忍则乱大谋

【名句】

xiǎo bù rěn zé luàn dà móu
小 不 忍 则 乱 大 谋①。

【出典】

《论语·卫灵公》。

【注释】

①忍:忍耐,容忍。乱:败。大谋:大事。

【译文】

对小事不能正确对待,不加以容忍,就会给自己谋求的大事带来失败。

【原作】

子曰:"巧言乱德。小不忍则乱大谋。"

【作者小传】(见第2页)

对待个人品德修养的不断追求,正是儒家文化的显著特征之一。

在怎样加强道德修养方面,孔子和他的弟子们进行过很深入的讨论。

有一次,子张就怎样才能提高道德修养、分辨是非向孔子请教,孔子回答他说:

"以忠信作为行动宗旨,追求和服从义,这样就可以提高道德品质了。如果一个人喜欢某个人,就希望他长寿不死;对他厌恶起来,又恨不得让他立即短命死掉。这就是不辨是非了。"

就是这同一个问题,孔子在针对不同的学生时,回答也不一样。

有一次,孔子的另一个学生樊迟跟随他游历,到鲁国祭天求雨的祭坛前,樊迟问道:"老师啊,怎样才能提高自己的道德修养,改正错误,辨别是非呢?"

孔子带着赞叹的口吻回答说:

"这个问题问得太好了。做事在先而享受在后,就可以提高自己的品德了。经常检查自己的过错,不要老是指责别人的过错,不就是改正过错了吗?如果在小事情上不能忍耐,忘了自己的生命安危,冲动行事,不仅危害自己,就连人家也受到牵连,就会败坏了大事情。这哪里谈得上辨别是非呢?""小不忍则乱大谋"便是这个故事中的名句。

"小不忍则乱大谋。"这是孔子强调为了整体利益,为了顾全大局,在小事上应当克制、忍让,不惜有所牺牲。它告诫人们,看问题,处理问题时不能计较小事,要从整体、全局考虑,否则就会影响大局。这句名句告诫人们要忍耐,要自制,"耐得寂寞"、"耐得冷板凳"。确实,不克制种种导致分心散神的情感,办事就是镜花水月。在人生的一切事业上,都存在着忍耐、克制的需要。

项庄舞剑,意在沛公

【名句】

xiàng zhuāng wǔ jiàn　yì zài pèi gōng
项　庄　舞　剑①,意 在 沛 公②。

【出典】

西汉司马迁《史记·项羽本纪》。

【注释】

①项庄:项羽部下的武将。
②沛公:刘邦。

【译文】

项庄在席间舞剑,他的用意是想杀死刘邦。

【原作】

庄则入为寿。寿毕,曰:"君王与沛公饮,军中无以为乐,请以剑舞。"项王曰:"诺。"项庄拔剑起舞,项伯亦拔剑起舞,常以身翼蔽沛公,庄不得击。于是张良至军门,见樊哙。樊哙曰:"今日之事何如?"良曰:"甚急。今者项庄拔剑舞,其意常在沛公也。"

【作者小传】(见第 97 页)

公元前 206 年,秦朝的丞相赵高杀死了秦二世皇帝。反秦各地大军中最重要的两个首领,项羽和刘邦,都到了咸阳。

刘邦先进咸阳,接受了秦王子婴的投降,手下 10 万军队,驻在霸上(今陕西西安市东)。

项羽是打败了刘邦派驻函谷关的守军才进入咸阳的,他率领40万大军,驻在新丰、鸿门(今陕西临潼)一带。

项羽决定要发动进攻,击败沛公刘邦的军队,以消灭有可能和自己争天下的劲敌。

项羽的叔父项伯,和刘邦帐下的谋士张良是生死之交。他夜里赶到刘邦军中,把项羽要攻打刘邦的消息通知张良,劝张良离开刘邦。

张良把这一消息转告了刘邦,刘邦知道敌不过项羽,便和项伯结交,并约定明天一早到鸿门去拜见项羽,表示愿意服从项羽。

第二天,刘邦带着谋士张良、将军樊哙到鸿门拜见项羽,项羽设宴招待刘邦。

事先,项羽的重要谋士范增告诫项羽说:

"刘邦有大志,要与大王争夺天下,今天来到鸿门,一定要杀掉他以除后患。"

在宴会上,刘邦态度恭敬,言词柔顺。项羽虽然看到范增再三示意,却不忍下令击杀刘邦。

范增急忙把项羽的同族兄弟、将军项庄找来,对他说:

"不杀刘邦,你我将来都会成为他的俘虏。你上去装作舞剑祝寿,在席上杀了刘邦,就是大功一件。"

项庄奉命进帐,得到项羽同意后,在席前拔剑起舞。舞着舞着,便向刘邦靠近,想找机会刺杀刘邦。

项伯这时也在坐,昨夜他已经受到刘邦和张良的嘱托,现在看出项庄舞剑,意在击杀沛公,便喝道:"独舞不如对舞!"也拔剑而起,在舞剑时留意用身体护着刘邦,使项庄不能下手。

张良在一旁看事情十分紧急,便出帐把猛将樊哙找来进谒项羽,一番言辞交锋,说动了项羽,才把这场危险的剑舞制止。接着,刘邦便借着上厕所为名,离开营帐,快马回到了霸上。"项庄舞剑,意在沛公"便是这个故事中的名句。

赏 析
shang xi

"项庄舞剑,意在沛公。"这是鸿门宴一场龙虎斗,后由司马迁在《史记》中描写得十分精彩的名句。鸿门宴上,范增让项庄以舞剑助兴为名,准备乘机杀死刘邦。张良说:"今者项庄拔剑舞,其意常在沛公也。"这句话被压缩为成语"项庄舞剑,意在沛公",用来表示做某件事而有其他目的的意思,或用来比喻别有用心的行为。

羞恶之心，人皆有之

【名句】

xiū wù zhī xīn　rén jiē yǒu zhī
羞 恶 之 心①, 人 皆 有 之②。

【出典】

《孟子·告子上》。

【注释】

①羞:羞耻。恶:憎恶。
②皆:都。

【译文】

对自己犯了错误觉得羞耻和对别人干了坏事感到憎恶的心情，是人人都有的。

【原作】

孟子曰:"乃若其情,则可以为善矣,乃所谓善也。若夫为不善,非才之罪也。恻隐之心,人皆有之;羞恶之心,人皆有之;恭敬之心,人皆有之;是非之心,人皆有之……"

【作者小传】(见第 17 页)

孟子学说中有一个最基本的观点,就是"性善说"。他认为人的本性都是善良的。有些人变恶,是因为受外界环境的影响,是没有保持和发扬本性中的善。

儒家的另一个代表人物荀子则认为人的本性是恶的，所以能成为善人是教育的结果。

还有一个告子,他认为人的本性无所谓善或恶。环境和教育才使一个人成为善人或恶人。

有一次,告子和孟子就这个问题进行辩论。告子先提出他的看法:

"人性,好比急流的水,水路的缺口在东面就向东流,决口在西面就向西流。人性不能分善或不善,正像水在流向缺口之前不能分东西一样。"

孟子立刻驳斥告子说:

"是的,水的确不能分东或西,但难道不能分清它的本性是向上流或者向下流吗?水总是向下流的。人性也是这样。人性没有不善良的,正如水没有不向下流一样。但是,水可以用拍击、遏阻的办法使它从平地流向高山,人性也可以用外力使它成为不善。"

告子又说:"人性的善或不善,都是由外界影响决定的。周朝的文王、武王是仁德的君主,百姓就向善了;到周朝的后代幽王、厉王,是暴虐无道的君主,百姓就跟着暴乱了。"

孟子回答道:"从你说的例子来看,也仍然证明人的本性是善的。百姓跟着君主而变得暴乱,这不能说是他们的本性不善。请想一想,'恻隐之心(同情人的心)'是人人都有的;'羞恶之心(羞耻与憎恶的心)',也是人人都有的。还有,看到值得尊重的事而生的'恭敬之心',看到某件事情而作出判断的'是非之心',更是人所共有的。这些,正是人性本善的证明。"

告子听后无话可答,认为言之有理。

 赏析 shang xi

"羞恶之心,人皆有之。"这是孟子和他的学生公都子在议论人性善恶问题时讲的一句话,是宣扬人性论的。善恶之心每个人都有,羞恶心属于义。这"义"不是外加的,是我们本来就具有的,不过没有意识到罢了。

挟天子以令诸侯

【名句】

xié tiān zǐ yǐ lìng zhū hóu
挟　天　子　以　令　诸　侯①。

【出典】

南朝宋范晔《后汉书·袁绍传》。

【注释】

①挟：挟持，强制服从。天子：皇帝。

【译文】

挟制皇帝，用皇帝的名义发号施令，使诸侯服从管辖。

【原作】

"今朝廷播越，宗庙残毁，观诸州郡，虽外托义兵，内实相图，未有忧存社稷恤人之意。且今州城初定，兵强士附，西迎大驾，即宫邺都，挟天子而令诸侯，稽(xù)士马以讨不庭(通'廷')，谁能御之？"绍将从其计。

【作者小传】(见第 10 页)

汉朝末年，豪强割据。军阀混战。公元 190 年(初平元年)，勃海太守袁绍等豪强联合起来，组成关东联军，讨伐董卓。袁绍是北方最大的豪强，声望很高，大家推他为盟主(总指挥)。董卓得知关东联军讨伐他，急忙把汉献帝迁往长安。时过不久，司徒王允与吕布合谋，杀死董卓。接着，董卓的部将李傕、郭汜又杀死王允，汉献帝又落到李傕、郭汜手中。

袁绍野心很大。他胁迫韩馥让出冀州,自任冀州牧,割据河北,梦想有朝一日夺取整个天下。袁绍手下有一个叫沮授的人,看透了袁绍的心思,有一次,他给袁绍出主意说:

　　"如今朝廷动荡,皇上颠沛流离,宗庙残破殆尽。看看独霸一方的州郡,虽然表面上说自己是讨伐董卓的义兵,实际在关东联军内部互相攻击,根本没有忧虑国家、体恤百姓的意思。况且,如今将军您已初步占据了冀州等地,兵强马壮,士人归附,如果到长安迎取皇上,在邺都(今河北省临漳县)建立皇宫,以天子的名义向诸侯发号施令,积蓄兵马,讨伐不听从朝廷号令的人,谁能阻挡得了呢?"袁绍打算按沮授的计策去做。

　　可是,颍川郭图、淳于琼认为,如今汉室气数已尽,图谋中兴远非易事,因此建议袁绍三思而后行。袁绍自料成不了大事,就改变了主意,没有采纳沮授的建议。"挟天子以令诸侯"便是这个故事中的名句。

赏 析

　　"挟天子以令诸侯",这是说用皇帝的名义向诸侯发号施令。在《三国志·蜀志·诸葛亮传》:"今操已拥百万之众,挟天子以令诸侯,此诚不可与争锋。"此外,鲁迅《华盖集续编·谈皇帝》中也用了此语:"其实利用了他的名位,'挟天子以令诸侯'的,和我那老仆妇的意思和方法相同,不过一则又要他弱,一则又要他愚。"现在,人们用这名句比喻假借权威者的名义发号施令,强迫别人服从。

业精于勤,荒于嬉

【名句】

yè jīng yú qín　huāng yú xī
业 精 于 勤①, 荒 于嬉②。

【出典】

唐韩愈《进学解》。

【注释】

①业:学业;精:精通。于:在于,由于。勤:勤奋。
②嬉:玩耍。

【译文】

学业要搞好在于勤奋,懒惰、爱玩就会使它荒废。

【原作】

国子先生晨入太学,招诸生立馆下,诲之曰:"业精于勤荒于嬉,行成于思毁于随。"

【作者小传】(见第45页)

　　韩愈是唐朝著名文学家。他对待生活十分严肃,终年勤奋地工作和学习,从不游怠荒嬉,浪费光阴;对古人的学术和当代的政事都深思熟虑以求得正确的认识,从不人云亦云,随波逐流。

　　尽管韩愈的文名很高,他所担任的都不过是一些中级官职,在他任监察御史时,皇帝笃信佛教,把传说佛的一节手指骨迎进皇宫,为此兴师动众,花费大量金钱。韩愈直言上奏劝阻,得罪了皇帝,被贬斥到潮州去做刺史,隔了许多年才受赦回京,担任国子监博士。

　　国子监,就是当时的国立大学,博士是负责教育国子监学生的老师。

　　韩愈上任后,认真地教育他的学生。一天,他以自己的切身体会来启发学生们说:"年轻人啊!学业的精深,决定于勤奋,游荡懈怠就会荒废;事业的成就,决定于动脑筋思考,不分是非曲直就会失败。这是我亲身积累的经验,叫做'业精于勤,荒于嬉;行成于思,毁于随'。"

　　学生们听了,交头接耳咕哝了一会儿,有人提出质问了,说:

　　"老师,据我们所知,您在学业上的修养可算得上精深了,您谏迎佛骨是经过反复思考的,但结果怎样呢?学问好,朝廷并没有重用您;谏迎佛骨,反而被贬斥到南方边远地方去了。如今您做国子监博士,是个清苦的差使,连妻子儿女都不能过上富裕的日子。那么,'业精于勤'、'行成于思'又有什么意思呢?"

　　韩愈听了,严肃地回答:

　　"你们错了!做人难道就是为了升官发财?读书、工作难道就是为了使妻子儿女过富裕的生活?古代的司马迁是个学业精深的人,他受了酷刑,仍然坚持完成《史记》这部著作。屈原是个在事业上善于思考的爱国者,他被流放直到自沉汨罗,还是关心祖国的兴亡。他们身处逆境,从不放弃勤学,放弃事业,不正是我们的楷模吗?"

　　学生们受到韩愈这样诚挚的教育,一个个端正了学习和做人的态度。有的人还把"业精于勤,荒于嬉;行成于思,毁于随"这两句话写出来挂在屋子里,随时激励着自己。

赏析
shang xi

"业精于勤,荒于嬉。"这句话说明学业因勤奋而精进,因玩乐而荒废。现在,人们引用这句话说明勤奋对于学习的重要性;而不勤奋,就学不透,钻不深。

业有不精,德有不成者,非天质之卑,
则心不若余之专耳

【名句】

yè yǒu bù jīng dé yǒu bù chéng zhě fēi tiān zhì zhī bēi zé xīn bú ruò
业 有 不 精①,德 有 不 成 者②,非 天 质 之 卑③,则 心 不 若

yú zhī zhuān ěr
余 之 专 耳④。

【出典】

明宋濂《送东阳马生序》。

【注释】

①业:学业。

②德:品德。

③天质:天资,人的智力。卑:低下。

④余:我。耳:罢了。

【译文】

学业还有不精,品德还有不好的,那么,不是天资太低,就是用心不及我的专一罢了。

【原作】

今诸生学于太学,县官日有廪稍之供,父母岁有裘葛之遗,无冻馁之患

矣;坐大厦之下而诵《诗》、《书》,无奔走之劳矣;有司业、博士为之师,未有问而不告,求而不得者也;凡所宜有之书,皆集于此,不必若余之手录,假诸人而后见也。其业有不精,德有不成者,非天质之卑,则心不若余之专耳,岂他人之过哉?

【作者小传】

宋濂(1310~1381),明诗文家。字景濂,号潜溪,又号玄真子。浦江(今浙江义乌)人,一说金华(今属浙江)人。9岁即作《兰花篇》诗。及长,师事吴莱、柳贯、黄溍,传其所学,文名甚著。元至正间荐授翰林编修,以亲老为由辞不赴,隐居龙门山著书授徒,历十余年。明兴,朱元璋礼聘为江南儒学提举。受命授太子朱标经书,寻改任起居注。洪武二年(1369)为《元史》总裁,史成,除翰林学士,累迁至学士承旨知制诰。洪武十年致仕。两年后,因长孙宋慎受胡惟庸一案牵连,全家谪迁茂州,途中遇疾,卒于夔州。正统间追谥文宪。以博学好古著称,明初礼乐制作多由其所裁定。对明初文坛影响颇大,被视为"一代之宗"。平生著述繁富,以致高丽、安南、日本等邻国使者纷纷出重金购买其文集。诸体中散文最有成就,以简洁明快、详略有致见长。作于元代的文章,主要收入《潜溪集》中,作于明代的诗文,以《宋学士集》较完备。另著有《罗山集》、《龙门子》、《浦阳人物记》以及《周礼集说》、《孝经新说》、《篇海类编》、《萝山杂言》等。

宋濂祖先是金华人。宋濂出生后,迁到浦江(在今浙江)。他年幼时就喜爱读书,因为家境贫穷,没有钱买书,常向藏书人家去借书。借来以后,亲手抄录,约定日期归还。

他抄书十分勤苦。天气寒冷时,砚台里的水结成坚冰,手指冻得伸不开,他仍不懈怠。抄写完毕,赶快送还人家。所以人们大都愿把书借给他,他也因此能够遍览群书。

成年以后,他和一些名人交游,常赶到百里以外,请教同乡的前辈。这些前辈都是德高望重的人,学生挤满了他们的房间。宋濂总是站在旁边,提出一些疑难的问题;有时遭到前辈的训斥,他更加恭敬,不敢再插一句话,等前辈高兴后,他再去请教。这样,前辈乐于指导他,他也得到更多的教益。

在他寻师访友时,背着书籍,拖着鞋子,奔走在深山野谷之间。遇到严冬腊月,寒风凛冽,雪深几尺,皮肤皲裂。到了学舍,往往四肢僵硬动弹不得。学舍仆人给他喝点儿热水,盖上被子,过了好久才暖和起来。他住在客店,每天吃的都是蔬菜淡饭,没有美味享受。同学们都穿着锦绣衣服,戴着珠宝镶着的帽子,他穿着破旧衣袍在他们中间,毫无羡慕的念头,并不感觉自己不如人家。

宋濂这样刻苦,后来终于成为一个有名的学者。对幼年苦读的经历,他始终没有忘记。

明朝开国以后,宋濂受到明太祖的器重,常常侍奉太祖,以备顾问。明太祖征召四方儒生到京师,设文华堂学习时,由宋濂为师。宋濂还任太子师傅前后十三年。当时,国子监有个太学生马君则,在太学里学习了二年。马生是浙江东阳人,和宋濂是同乡,曾以晚辈的身份去拜访宋濂。为此,宋濂写了这篇《送东阳马生序》的文章,"业有不精,德有不成者,非天质之卑,则心不若余之专耳"便是该文中的名句。

赏 析

"业有不精,德有不成者,非天质之卑,则心不若余之专耳。"这是宋濂勤苦求学而成就功名的经验之谈。宋濂运用对比方法,从衣食、校舍、师长、图书四方面的优越与自己当年求学的艰难进行对比,归结到如果仍"业有不精,德有不成,非天质之卑,则心不若余之专耳",使人认识到专心、刻苦、自励的重要。

欲加之罪,何患无辞

【名句】

yù jiā zhī zuì　hé huàn wú cí
欲 加 之 罪①,何 患 无 辞②。

【出典】

《左传·僖公十年》。

【注释】

①欲:要。

②患:忧愁,担心。辞:言辞;这里指借口。

【译文】

要想加罪于人,何愁没有借口。

【原作】

夏四月,周公忌父、王子党会齐隰朋立晋侯。晋侯杀里克以说。将杀里克,公使谓之曰:"微子则不及此。虽然,子弑二君与一大夫,为子君者,不亦难乎?"对曰:"不有废也,君何以兴?欲加之罪,其无辞乎?臣闻命矣。"伏剑而死。

【作者小传】(见第 26 页)

春秋时期,晋国的国君晋献公在子女中偏爱小儿子奚齐。但是奚齐年龄最小,不懂世事,晋献公很为他担心。晋献公病重后,知道自己活不长了,便找来大夫荀息,千叮咛万嘱咐:"我死以后,只有一件事放心不下,就是奚齐,他年少幼稚,立他为国君,他的兄长们肯定不服,你要替我好好保护他……"

荀息流着泪答道:"大王请放心,我愿意竭尽全力保护他。如果成功了,是您的在天之灵在保护我们;如果失败了,我将以死来报答大王的恩情!"

晋献公死后,其他公子果然不满奚齐继承君位。申生、重耳、夷吾这三个公子私下里常常在一起议论,发泄他们的不满。刺客里克深知三个公子的心思,闯进宫去,把奚齐杀了,还把另一个公子卓也给杀了。荀息跪在奚齐的尸体前痛哭,大骂里克"决不会有好下场",然后就拔剑自杀了。

后来,公子夷吾在争夺君位的斗争中,借助秦国、齐国的军事力量,排斥了申生和重耳,当上了晋国的国君,号称晋惠公。晋惠公觉得里克是个隐患,便派人把里克抓了起来,要杀掉他。在杀他之前,晋惠公派人去对里克说:"没有你的支持,我今天做不上国君。但是你杀死了两位公子,逼死了一位大夫,也犯下了死罪。我作为国君,如果不杀了你,怎么能令天下人信服呢?你不死,我这个国君不仍然很危险吗?所以,你非死不可!请你不要怨我!"

里克一听，全明白了，说："不杀掉二位公子，你夷吾怎么能当上国君呢？如今你想除掉我，随便找个罪名加在我身上，还不容易吗？这就是'欲加之罪，何患无辞'啊！"说完，便伸长颈脖，等待处罚，片刻之间就被砍下了脑袋。"欲加之罪，何患无辞"便是这个故事中的名句。

赏析
shang xi

"欲加之罪，何患无辞"是原作中"欲加之罪，其无辞乎"演变而来的。这是指随心所欲地罗织罪名来陷害别人的卑劣行径。后来，人们用它来形容随心所欲地加害于人。现在常用的成语"欲加之罪，何患无辞"，说的就是这个意思。

欲速，则不达；见小利，则大事不成

【名句】

yù sù zé bù dá　jiàn xiǎo lì zé dà shì bù chéng
欲速，则不达①；见小利，则大事不成②。

【出典】

《论语·子路》。

【注释】

①则不达：反而达不到目的。

②大事不成：做不成大事情。

【译文】

想求速成，反而达不到目的；贪图小利，就做不成大事。

【原作】

子夏为莒父宰，问政。子曰："毋欲速，毋见小利。欲速，则不达；见小利，则大事不成。"

【作者小传】(见第 2 页)

子张是孔子的学生,他很想了解以后的社会是怎样的,于是他问孔子,说:"老师!今后十代的事情可以预知吗?那时候,社会将是什么样的?"

孔子作了耐人寻味的回答:"先看一下以前的历史吧,殷朝是在继承夏朝的基础上发展起来的,但是它对于夏朝的礼仪制度有所扬弃。由此可见,以后继承周朝的,即使隔了一百年也可以知道。"

一直站在旁边但没有发言的颜渊听了,感觉孔子所说的"扬弃"内涵深刻,于是,他就问孔子:"老师,您所说的'扬弃',如果要落实在综合治理国家上,那该怎么办呢?"

孔子回答说:"这就体现在选用夏朝的历法,乘坐殷朝的车子,佩戴周朝的礼帽,在音乐方面就用《韶舞》。但要废弃郑国的乐曲,远离那些惯于挑拨离间、狂言妄语的小人,这是因为郑国的乐曲淫靡,狂妄的小人坏事。"

子贡听了,他发表自己的看法:"刚才老师所讲选用夏朝的历法,乘坐殷朝的车子,佩戴周朝的礼帽等等,这其实就是一种综合改革。现在,总览天下形势,其中齐国的经济实力和综合国力都比较强,可是,它实行霸政;而鲁国则比较弱小,不过它循守礼义。如果对这两个国家实行改革,那将会是怎样一种情况呢?"

听到子贡提出这么一个问题,孔子心里感慨万分!非常激动地说:"要是齐国一旦实行改革,注重文教,那么就能达到像鲁国这样的礼仪文明程度;如果鲁国一旦解放思想,实行改革,注重发展经济,增强综合国力,同时继承和发扬原来的礼仪传统,那么鲁国就能达到王道那样的理想境界了!"

子路一听,脱口就说:"那么赶快实行改革吧!"

孔子一听,脸有忧色,语重心长地劝诫说:"子路呀,改革是必须的,但同时要注意,欲速则不达啊!"

赏 析
shang xi

"欲速,则不达;见小利,则大事不成。"这是孔子教导弟子为政的原则。朱熹认为:"见小者之为利,则所就者小,而所失者大矣。"作为一个领导,要有远大的目光,不能急功近利,不要想很快就能够做出很大的政绩来,也不要为一些小利益而花费太多的心力,要顾全大局,要高瞻远瞩。

对于个人的为人处事来说,道理也是一样。

燕雀安知鸿鹄之志

【名句】

yàn què ān zhī hóng hú zhī zhì

燕 雀 安 知 鸿 鹄 之 志①。

【出典】

西汉司马迁《史记·陈涉世家》。

【注释】

①燕雀:表示鼠目寸光的人。安知:哪里知道,怎么能知道。鸿鹄:天鹅,比喻志向远大的人。志:志向。

【译文】

燕子、黄雀等小鸟,怎么能知道飞翔高空的天鹅的志向呢!

【原作】

陈涉少时,尝与人佣耕。辍耕之垄上,怅恨久之,曰:"苟富贵,毋相忘!"佣者笑而应曰:"若为佣耕,何富贵也!"陈涉太息曰:"嗟乎!燕雀安知鸿鹄之志哉!"

【作者小传】(见第97页)

秦始皇以专制暴虐的手段统治天下。他死后,儿子胡亥接位为秦二世,在

暴虐之外还增加了昏庸。百姓汹汹欲变,局势很混乱。

这时,阳城地方有个人名叫陈胜,字涉,是个无产无业的穷苦人。年轻时,为了糊口,做过帮人家种田的雇工,每天从日出到日落,辛苦地在别人田里劳作,挣的钱只够填饱肚子。

有一天,陈胜和好几个同伴,耕地到太阳当顶,累得浑身是汗。看看主人不在近旁,大伙儿就歇下来,坐在田埂上擦擦汗、喘口气。陈胜想想自己,身强力壮,头脑不笨,哪一点都不比那些有钱有势的人差,却困在这里受苦,不知道何年何月才能出头。看看坐在左右的同伴,情形也跟自己差不多。他又难受又愤恨地对大家说:

"喂,弟兄们,假如有朝一日出头了,富贵了,可不要忘记今天的穷兄弟啊!"

那几位雇工都笑起来了,七嘴八舌地说:"你是个给人家种田的穷苦力,怎么可能富贵呢?"

陈胜站起身来,叹了口气,摇头自语了一句:"燕雀安知鸿鹄之志哉!"就自顾下田去了。

过了些时,秦朝征发穷人到渔阳去当兵,编成九百人的队伍,停驻在大泽乡(今安徽省宿县东南),陈胜也在其内。陈胜在队伍中结识了一个人,名叫吴广。两个人都是队里的小头目,都对自己的处境强烈不满。

在大泽乡,恰好逢上连日大雨,道路不通。大家计算行军的日子,估计抵达渔阳时已经超过了规定的日期。秦的法律,过期是要杀头的。陈胜、吴广就商定,想办法鼓动大家起义造反。他们就杀了带头的将尉,攻下了好几个县城,举兵反秦。

后来,陈胜招兵买马,接纳文士,打了几个胜仗,声势大振,就立国号为"张楚",自封为王。以前和陈胜一起种田的雇工听说陈胜封了王,想起他说过的话,感慨地说:

"陈胜讲得不错,他果然是天鹅,飞得多高多远啊!我们却只是可怜的燕雀罢了。"

陈胜的农民起义虽然最终还是失败了,但这次农民起义,终于动摇了秦王朝的统治。几年后,秦朝就被推翻了。"燕雀安知鸿鹄之志"便是该文中的名句。

赏析
shang xi

"燕雀安知鸿鹄之志",这句话是陈胜在当雇工时说的话。元朝郑德辉《王粲登楼》第一折:"大丈夫仗鸿鹄之志,据英杰之才。"这里就说明了一个道理:一个人无论地位高低,处境好坏,必须坚定自己的修养,有远大的志向,只有这样才能意志坚强,百折不挠。所以,我们做学问或处事,都要有自己的志向,还要花大气力,下苦功夫,矢志不渝,才有可能达到理想的境界,取得常人难及的业绩。

以人为镜,可以知得失

【名句】

yǐ rén wéi jìng　kě yǐ zhī dé shī
以 人 为 镜①,可以 知 得 失②。

【出典】

《新唐书·魏徵传》。

【注释】

①为镜:做镜子。

②知得失:明白得失的道理。

【译文】

以人做镜子,可以明白得失的道理。

【原作】

帝后临朝叹曰:"以铜为鉴,可正衣冠;以古为鉴,可知兴替;以人为鉴,可以知得失。朕尝保此三鉴,内防己过。今魏徵逝,一鉴亡矣。"

【作者小传】

《新唐书》作者为宋代欧阳修、宋祁。《新唐书》二百二十五卷,包括本纪十卷,志五十卷,表十五卷,列传一百五十卷。宋仁宗认为《唐书》浅陋,下诏重修。前后参预其事的有欧阳修、宋祁、范镇、吕夏卿、王畴、宋敏求、刘羲叟等人。其中列传主要由宋祁负责,本纪、志、表主要由欧阳修负责,所以《新唐书》署"欧阳修、宋祁撰"。宋祁有文名,曾任知制诰、翰林学士等职。他历时十余年完成列传,于嘉祐三年(1058)交齐全部列传的稿子。欧阳修是北宋著名的文学家,擅长古文,他因参加推行"庆历新政"的活动,被贬为地方官,至至和元年(1054)才调到朝廷任翰林学士,主持修史工作,等到他写定本纪、志、表,已是嘉祐五年(1060)的事了。列传与本纪、志、表合在一起时,并没有经过严格的整齐划一。《新唐书》比起《旧唐书》来,确有自己的一些特点和优点。首先,《新唐书》的作者对志下了一番功夫,增加了以前各史所没有的《仪卫志》、《兵志》。其他几个志也各增补了新资料,质量多在《旧唐书》之上。

公元 643 年(贞观十七年),魏徵去世,唐太宗很是悲痛。他说:"以铜为鉴,可正衣冠;以古为鉴,可知兴替;以人为鉴,可以知得失。魏徵的去世,对于我来说,真是失去了一面镜子啊!"

魏徵在世时看到唐太宗处理事情有什么不当的地方,总是毫无顾虑地向他指出,从不考虑得罪了皇帝会给自己招来什么祸害。

公元 626 年,唐太宗派人征兵。大臣奏请:男子虽不满 18 岁,但如果长得高大,也应被征召入伍。太宗同意了。魏徵却扣留了诏书,不肯签署下发。太宗一连催问四次,魏徵还是不同意。太宗发怒了,把魏徵召来,训斥他说:"你为什么这样固执,扣住诏书不发?要知道那些长得高大的男子,说是不到 18 岁,实际上是隐瞒年龄,逃避征兵啊!"

魏徵回答说:"陛下常说自己要以'诚信治天下',可你即位以后,失信的事情已经有好几次了!"太宗愣然地问:"我有什么事情失信?"

魏徵说:"陛下即位时曾经下诏:拖欠官府钱粮的,一概免除,可官吏们照样催收,这不是失信吗?陛下又曾明令规定,关中百姓免收租赋两年,关外百姓免除劳役一年,如今仍旧交了租赋或服了劳役,还要被征当兵,这不是失信吗?陛下既说要'以诚待人',可无缘无故怀疑百姓隐瞒年龄,这也叫做'诚信'吗?"

唐太宗被问得哑口无言。他想了一会儿,诚恳地说:"这的确是我的过错!"于是重新下诏免征不到 18 岁的男子,同时赐给魏徵一个金瓮,奖励他直言敢谏。

唐太宗把魏徵的批评作为发现自己缺点的镜子,一个封建专制的皇帝能做到这样是很不容易的。"以人为镜,可以知得失"便是这个故事中的名句。

赏析

"以人为镜,可以知得失。"这就是说,把别人的意见当做一面镜子,从中看到自己的缺点和不足,并且加以改正。在生活中,有人只喜欢用手电筒照别人,看别人的缺点毛病,往往又像纪昌学射那样,把虱子看得像车轮那般大,而律人又格外严格;却不愿意自己照镜子,就是照,也总是对缺点采取浮光掠影、遮遮掩掩的态度。这种人批评别人,往往夹带主观成见,不能实事求是,作起自我批评来,则文过饰非,讳疾忌医。所以,我们要像唐太宗那样,做到"以人为镜",认真地进行批评和自我批评,这样才能改正缺点和错误,不断前进。

以无厚入有间,恢恢乎其于游刃必有余地

【名句】

yǐ wú hòu rù yǒu jiān huī huī hū qí yú yóu rèn bì yǒu yú dì
以 无 厚 入 有 间,恢 恢 乎 其 于 游 刃 必 有 余 地。①

【出典】

《庄子·养生主》。

【注释】

①恢恢:宽绰的样子。游刃:转动刀刃。

【译文】

把薄的刀刃插进去,刀刃能宽绰地转动。

【原作】

……彼节者有间,而刀刃者无厚;以无厚入有间,恢恢乎其于游刃必有余地矣……

【作者小传】

庄子(约前 369~前 286),名周,字子休,宋国蒙(今河南商丘东北) 人,战国时哲学家。做过蒙地方的漆园吏。家贫,曾借粟于监河侯(官名),但拒绝了楚周王的厚币礼聘。他继承和发展老子"道法自然"的观点,认为"道"是无限的、"自本子根"、"无所不在"的,强调事物的自生自化,否认有神的主宰。他的思想包含着朴素辨证法因素。他认为"道"是"先天生地"的,从"道未始有封"(即"道"是无界限差别的)。他看到一切事物都处在"无动而不变,无时而不移"中,却忽视了事物质的稳定性和差别性,认为"天下莫大于秋毫之末,而泰山为小;莫寿乎殇子,而彭祖为夭"。主张齐物我、齐是非、齐生死、齐贵贱,幻想一种"天地与我并生,万物与我为一"的主观精神境界,安时处顺,逍遥自得,倒向了相对主义和宿命论。著作有《庄子》,亦称《南华经》,道家经典之一。《汉书·艺文志》著录《庄子》五十二篇,但留下来的只有三十三篇。其中内篇七篇,一般定为庄子著;外篇、杂篇可能掺杂有他的门人和后来道家的作品。文章汪洋恣肆,并采用寓言故事形式,想象丰富。

《庄子》在哲学、文学上都有较高研究价值。鲁迅先生曾说他的作品"汪洋辟阖,仪态万方,晚周诸子之作,莫能先也"。名篇有《逍遥游》、《齐物论》、《养生主》。《养生主》中的"庖丁解牛"尤为后世传诵。庄子的著作历来注解极多,今通行本有清末王先谦《庄子集解》、郭庆藩《庄子集释》等。

战国时,有位庖(páo)丁善于宰牛,他有着非常高超的肢解牛体的本领。

有一次,庖丁特地为梁惠王表演宰割技术。只见他手里拿着一把明晃晃的刀子,不假思索地就动起手来。他用手触、用肩倚、用脚踩,又抬起一条腿来,以膝盖抵住牛,皮和骨分离的声音随刀而起;而把刀向牛身内推进的时候,又发出更大的响声。总之,他的种种动作,合乎《桑林》之舞的节拍旋律;他操刀时所发出的种种声音,也像《经首》曲那样很有节奏。

也不知庖丁怎么搞的,一会儿把牛肢解开来了。梁惠王赞叹道:

"很好,你的技术是怎么样达到如此高明程度的呢?"

庖丁放下刀,慢慢地说:

"我之所以能如此熟练地解牛,是因为我崇尚的是一种高深的修养,并且已经超过普通技术的阶段了。"

梁惠王一时不太理解这几句话,说:

"你讲得具体一些。"

于是庖丁继续说道:

"我开始解牛的时候,所看到的是整条牛,不知道刀子从哪里插进去。过了三年,却又看不见整条牛了。"

梁惠王不解地问:

"看不见整条牛了,不是更不知道刀子从哪里插进去了吗?"

庖丁摇摇头说:

"并非如此,我的意思是说,这时我对于牛的全身何处有空隙,哪里有筋骨,都已经完全了解了,所以看上去不是整条牛,而是它可以解开的许许多多部分。宰割牛时,我通过神情跟牛接触,而不必用眼睛看,就可以知道什么地方可以下刀。按照牛的自然组织结构,剖开牛体内筋骨相连的空隙之处,再顺着它骨节间的空隙,按照它本来的结构行事。像上面这些小的障碍都没有触及到,何况大骨头呢?"

梁惠王听得很感兴趣,接着问道:

"要这样行事,刀子得磨得快点儿,或者经常更换吧?"

庖丁又摇摇头,说:

"技术比较高明的厨工,一年换一把刀。因为他不是用刀来解牛,而是用来割肉。一般的厨工,一个月就要换一把刀,因为他们用刀硬把骨头劈折。"

梁惠王问:

"那么像你这样的厨工,多长时间换一把刀呢?"

庖丁拿起自己用的刀,指着它说:

"我这把刀已经用了十九年,所解的牛有数千头之多。但大王请看,它的刀刃仍然非常锋利,就像新从磨刀石上磨好的一样。"

"这是什么原因呢?"梁惠王急着问道。

"这很简单:牛身上的骨节是有间隙的,而我手中的刀刃却薄得似乎连一点儿厚度也没有。用极薄的刀刃插入有间隙的骨节之中,就显得非常宽绰,刀刃有足够的活动运转的余地。所以用了十九年,刀刃仍然非常锋利,就像新从磨刀石上磨好的一样。不过即使如此,凡是遇到筋骨交错,难以肢解的部位,仍然要小心翼翼,全神贯注,放慢动作,轻轻地进刀。这样才能听到牛体内骨肉分离的声音;剖开后的牛身,也像土撒积在地上一样。到这时,我才心满意足,把刀拭干净藏入套中。"

梁惠王感慨地说:

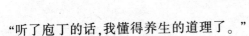

"听了庖丁的话,我懂得养生的道理了。"

庄子根据这个内容写了《庖丁解牛》,"以无厚入有间,恢恢乎其于游刃必有余地矣",便是这篇文章中的名句。

**赏 析**
shǎng xī

"以无厚入有间,恢恢乎其于游刃必有余地",这句话说明世上事物虽然错综复杂,但只要善于自然之理,就可以做到得心应手。同时,了解和掌握一件事物的天然之理是需要付出一定的努力,才能达到游刃有余的境界。此外还说明了小到个人养生,大到国家治理,都在这个道理之中,顺应自然之理而行,才会有所得。

运筹帷幄之中,决胜千里之外

【名句】

yùn chóu wéi wò zhī zhōng   jué shèng qiān lǐ zhī wài
运 筹 帷 幄 之 中①,决 胜 千 里 之 外②。

【出典】

西汉司马迁《史记·高祖本纪》。

【注释】

①运筹:计谋。帷幄:军队帐幕。
②决胜:取得胜利。

【译文】

身在军营帷帐中制定策略,能在千里之外的前方战场上取得胜利。

【原作】

高祖曰:"公知其一,未知其二。夫运筹策帷帐之中,决胜于千里之外,吾不如子房。镇国家，抚百姓，给馈饷，不绝粮道，吾不如萧何。连百万之军，战必胜，攻必取，吾不如韩信。此三者，皆人杰也。"

【作者小传】(见97页)

汉高祖刘邦做了皇帝，在一次庆功宴上，当众赞扬张良的功劳说："要说'运筹帷幄之中，决胜千里之外'，连我也比不上张良啊！"刘邦用这两句话来赞扬张良，一是肯定他的大功，二是评价他的才能。

张良是刘邦的主要谋士。他年青时，因为憎恨暴秦统治，曾经谋刺过秦始皇，没有成功。后来遇到一位老人，送给他一部《太公兵法》，张良就用从这部书里学到的本领帮助刘邦推翻暴秦，建立汉朝。

张良常常在关键时刻，提出重要的战争决策。有一次，刘邦打算派2万兵马强攻峣(yáo)关。张良提出建议说："秦军目前还很强大，不可小看。据说峣关守将是个屠夫的儿子，非常贪财。这种人，很容易用珍宝钱财买通。请您且留在营里，另派一支先遣部队，行军时做出有5万兵马的样子，还要在周围山上遍插军旗，到处布设疑兵；然后再派人带着重金财宝去贿赂秦将。"

刘邦依计而行。秦将被财物打动了心，同时他又见到四周都有汉兵，恐怕打不胜，就答应投降刘邦。

张良说："将领虽然投降，他的部下却不一定肯听。要是部下不听，那就十分危险。不如乘他们目前斗志松弛，没有准备的时候，一举把它消灭！"

打算投降的秦军没防备刘邦会来攻打他们，所以一下子就败退了。刘邦率军乘胜追击，一直打到秦朝首都咸阳城下，秦王子婴出城投降，秦朝就灭亡了。

张良还为刘邦成功地谋划过好几次重大的军事行动，最后帮助刘邦消灭了劲敌项羽，统一天下，做了汉朝皇帝。

因为张良体弱多病，所以不能直接指挥军队打仗。他总是留在军营内帮刘邦出谋划策，也就是"运筹帷幄之中，决胜千里之外"，汉朝的建立，张良的功劳很大。"运筹帷幄之中，决胜千里之外"便是这个故事中的名句。

赏 析
shang xi

　　"运筹帷幄之中,决胜千里之外。"这句话说明指挥战斗、战役的才能很高,谋略很好, 能赢得战争的胜利。这是对智谋过人, 料敌如神的军事家的高度赞扬。1977 年 8 月 1 日叶剑英副主席《在中国人民解放军建军五十周年庆祝大会上的讲话》中用了这句话:"毛主席用兵如神,运筹帷幄之中,决胜千里之外,不但得心应手地指挥我千军万马,而且迫使敌人不得不听从调动,在任何情况下都能把握主动,在危急关头都能化险为夷。"

知之为知之，不知为不知

【名句】

zhī zhī wéi zhī zhī bù zhī wéi bù zhī
知 之 为 知 之，不 知 为 不 知①。

【出典】

《论语·为政》。

【注释】

①知：知道，了解，懂得。之：代词。指孔子所讲授的知识、学问。

【译文】

知道就是知道，不知道就是不知道。

【原作】

子曰："由，诲女，知之乎？知之为知之，不知之为不知，是知也。"

【作者小传】（见第 2 页）

仲由，字子路，是鲁国卞邑人。他为人正直，有勇力而性格比较粗鲁。有一

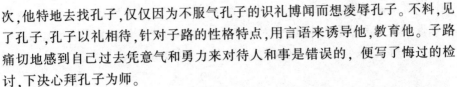

次,他特地去找孔子,仅仅因为不服气孔子的识礼博闻而想凌辱孔子。不料,见了孔子,孔子以礼相待,针对子路的性格特点,用言语来诱导他,教育他。子路痛切地感到自己过去凭意气和勇力来对待人和事是错误的,便写了悔过的检讨,下决心拜孔子为师。

子路虽然粗鲁,但有个很大的优点,叫做"闻过则喜",就是听到别人批评他的错误缺点便很高兴,因而进步很快。

子路对他母亲又很孝顺。母亲年龄大了,要吃些细粮,他常常步行到百里以外,去买了米背回家供老母食用。

子路一向以勇武闻名,他投师孔门以后,对孔子和其他文弱的同学来说,无形中起了保护作用。所以孔子曾说:"自从仲由来了以后,耳朵里再听不到什么恶言恶语了。"

但是,孔子对子路的"勇"还是不断进行诱导的。他告诫说:勇要以仁义为前提,君子好勇而无仁义就会造成混乱,小人好勇无仁义就会去偷盗。

孔子认为子路的本质很好,所欠缺的是学习,所以一再教育他。一次,孔子问子路:

"由啊,你知道人应该有哪六种品质吗?"

"学生不是很清楚。"

"那就是仁、智、信、直、勇、刚。"

子路听了,觉得自己至少具备信、直、勇、刚四种,很高兴。但孔子又接下去说:

"可是,我告诉你,仁而不好学,就会受到愚弄;智而不好学,将会行为放荡;信而不好学,一定遭遇祸害;直而不好学,会造成急躁尖刻;勇而不好学,会闹出乱子;刚而不好学,将造成狂妄偏执。"

子路这才明白,老师的目的是启发他好学。

孔子还向子路说过一句著名的话,告诉他怎样才是真正的"智":"知之为知之,不知为不知,是知也!"

赏析
shang xi

"知之为知之,不知为不知。"这句话,说明在学习上必须实事求是,不能有半点儿虚假,懂了就是懂了,不懂不要装懂,那才是真正的聪明。其实,不但是在学习上,做人也好,处世也好,为政也好,实事求是是关键的所在,这句话形象地说明了诚实的重要性。生活中有许多人信口开河,说过也就会忘了。或许他承诺的是无足轻重的事情,但对小事的失信却会使人怀疑其大事的信用。不实事求是的人,最终会失去别人的信任,从害人始而以害己告终。

知者乐水,仁者乐山

【名句】

zhì zhě lè shuǐ　rén zhě lè shān
知 者 乐 水①,仁 者 乐 山②。

【出典】

《论语·雍也》。

【注释】

①知者乐水:知,通"智"。水流动而不板滞,随岸赋形,与智者相似,故曰。
②仁者乐山:山形巍然,屹立而不动摇,与仁者相似,故曰。

【译文】

聪明智慧的人爱水,有仁德的人爱山。

【原作】

子曰:"知者乐水,仁者乐山。知者动,仁者静。知者乐,仁者寿。"

【作者小传】(见第2页)

鲁定公五年(前505),孔子47岁。

春天到了。人们在泗水河畔漫步,一路走去,桃红柳绿,草色青青,春汛激荡。

孔子听说泗水正涨春潮,便带着弟子们前往春游踏青,赏水观澜。

河水滚滚滔滔,泛着亮澄澄的波涛,奔流向前,像夜空一样深邃,像眸子一样晶莹,像马驹一样欢腾。

孔子来到河边,俯身弯腰,目不转睛地盯着奔腾的波涛。他伫立良久,顶礼膜拜似的静静地站着,然而他那不时紧缩的眉头却在告诉人们,他此刻的心像奔腾的春汛一样不平静。弟子们围拢过去,不知夫子在看什么,在想什么。

率直的子路问:"夫子何观?"

孔子平静地说:"观水也。"

"观水?"弟子们不解其意,一个个都愣怔怔地望着夫子。

颜回说:"夫子遇水必观,其中必有讲究。愿夫子明教。"

孔子凝望着泗水河的绿波,无限深情地说:"水奔流不息,是哺育一切生灵之乳汁,它好像有德,德高盖世;水无定形,流必向下,或广或长,循之以理,它好像有义,义重如山;千支万流汇入海洋,茫茫荡荡不见涯际,水好像有道,道浩烟海;穿山涯,凿石壁,从无惧色,水好像有勇,勇往直前!再者,安放必平,无高低上下,水似守法;量见多少,勿需削刮,水好像正直;无孔不入,好像明察;发源必向东,好像立志;万物入水洗涤必洁净,又好像善施教化。由此观之,水乃真君子也!它能晓人以立身处世之大道,安可不观!"

弟子们闻听夫子的一番宏论,无不惊诧。谁能料想,司空见惯的流水,在夫子的心目中竟能如此深奥神秘,有血有肉。

绿草如茵的河畔上,弟子们围在夫子身边,或蹲、或坐、或仰、或伏,夫子操琴弟子们唱歌。先是独唱,后是合唱,抒情言志,或悲、或喜、或壮,歌声驾着春风飞向天际,融进泗水的碧波里,奔向远方的大海。就在这时,孔子向弟子们讲述了"知者乐水,仁者乐山"的千古名言。

赏 析

"知者乐水,仁者乐山。"这两句话,南怀瑾先生认为应当断句为"知者乐,水;仁者乐,山。"即聪明人的快乐,就像水一样,永远是活泼的;仁者的快乐,就像山一样,宁静而崇高情大。因而智者的快乐是动感的,是活泼的;仁者快乐是静情的,宁静得如山一样。在这里孔子比较了仁者与智者,认为具有仁爱之心的仁者往往是宁静而有涵养的,不大容易冲动和发脾气,因而长寿;智者往往是敏捷、灵活而快乐的,兴趣是多种多样的。这两种品德并不矛盾,都是孔子所赞美的。

智者千虑，必有一失

【名句】

zhì zhě qiān lǜ　　bì yǒu yì shī

智 者 千 虑①，必 有 一 失②。

【出典】

西汉司马迁《史记·淮阴侯列传》。

【注释】

①智者：聪明的人。千虑：千遍考虑。

②失：失算、错误。

【译文】

虽是贤智的人，在千遍考虑中也必有一遍要失算的。

【原作】

广武君曰："臣闻'智者千虑，必有一失；愚者千虑，必有一得。'故曰'狂夫之言，圣人择焉。'顾恐臣计未必足用，原效愚忠。"

【作者小传】(见第97页)

　　楚汉相争时，汉王刘邦拜韩信为大将，请他去攻打楚的盟友赵国。

　　赵国的主将成安君陈余严阵以待，准备正面迎战。谋士李左车献计说："韩信大军二十万，远道来攻，势不可当。请将军坚守城池，不要与他决战，我愿率三万军马，绕道去袭取他们的辎重粮食，阻断他们的后路。大军绝粮，进退两难，就一定能战胜他们。"陈余自以为勇猛善战，能够打赢，拒绝了李左车的建议。

结果,汉赵大战,赵国全军覆灭,陈余被杀,李左车也给韩信俘虏了,被绑着送进大营。

韩信急忙亲自为他松绑,请他上坐,待李左车以师长之礼。韩信说:"陈余不听先生之言,韩信才侥幸获胜,要不然,韩信早已被陈余擒拿了。"接着,他告诉李左车,下一步将进攻燕国和齐国,并向他请教,该怎么打法。

李左车不慌不忙地说:

"韩将军名闻四海,左车是被俘的败军之将,按理没有我说话的余地。但是,智者千虑,必有一失;愚者千虑,必有一得。我认为,现在将军破赵国,杀陈余,威镇四海,这是你的长处;但汉军在大战之后,将士疲惫,粮食不足,这是短处。所以应该扬长避短,先派使者到燕国去陈述将军之威和汉兵之勇,燕国势必闻风投降;燕国降顺,齐国也不敢顽抗了。"

韩信听了十分佩服,便按照李左车的建议,一面让部队休整,一面派能言善辩的使者到燕国去游说。结果完全如李左车分析的一样,燕国、齐国都愿意割断同楚的关系,归顺了汉王刘邦。"智者千虑,必有一失"便是这个故事中的名句。

"智者千虑,必有一失。"这是强调事物都是相对的,不要绝对化,不要一刀切,也强调要虚心听取别人的意见,告诫人们要认真对待和思考问题,不能骄傲自满,草率行事。"愚者千虑,必有一得"也是从这个故事中来的。它的意思是说,即使是愚陋的人,在千遍考虑中也必有一遍会合适的。这名句有时也用作谦词,说自己虽然见解不高明,然而也有可取之处。

醉翁之意不在酒,在乎山水之间也

【名句】

zuì wēng zhī yì bú zài jiǔ　　zài hū shān shuǐ zhī jiān yě
醉　翁　之意不在酒①,在乎山　水　之间也。

【出典】

北宋欧阳修《醉翁亭记》。

【注释】

①醉翁:欧阳修的自号。

【译文】

醉翁的心意不在酒上,而在秀丽的山水之间。

【原作】

环滁皆山也。其西南诸峰,林壑尤美,望之蔚然而深秀者,琅琊也。山行六七里,渐闻水声潺潺,而泻出于两峰之间者,酿泉也。峰回路转,有亭翼然临于泉上者,醉翁亭也。作亭者谁? 山之僧智仙也。名之者谁? 太守自谓也。太守与客常饮于此,饮少辄醉,而年又最高,故自号曰醉翁也。醉翁之意不在酒,在乎山水之间也。山水之乐,得之心而寓之酒也。

若夫日出而林霏开,云归而岩穴暝,晦明变化者,山间之朝暮也。野花发而幽香,佳木秀而繁阴,风霜高洁,水落而石出者,山间之四时也。朝而往,暮而归,四时之景不同,而乐亦无穷也。

【作者小传】(见第6页)

欧阳修4岁那年死了父亲,由母亲郑氏带他到随州依靠叔父生活。

欧阳修24岁到汴京参加礼部进士考试,主考官是前辈词人晏殊。晏殊发现欧阳修文才杰出,把他推举第一名。

欧阳修中进士后,先后在汴京和西京(即洛阳)做官,结交了好多志同道合的文人诗友,如梅尧臣、苏舜钦、尹洙等,他们都是政治上正直的官员,又是主张诗文革新的文学家。

当时,宋王朝内外矛盾越来越深,范仲淹因倡导改革,直言敢谏而被贬出京。欧阳修十分推崇范仲淹,多次写信给范仲淹,表示支持。

后来,范仲淹调回京城,欧阳修也从西京调到汴京任馆阁校勘。范仲淹接连上奏,指出朝廷的重大弊端,遭到宰相吕夷简不满,被诬告"荐引朋党,离间君臣",再一次被贬到江西饶州。

欧阳修的同事尹洙说："范仲淹一向是忠良的大臣,我和他是师友的关系,如果说有朋党,我属于仲淹一党,应该和他同罪。"结果,尹洙被贬出京当了个地方小吏。

接着,吕夷简通过御史台贴出布告,告诫百官不许超越本职议论政事,这样一来,能够向朝廷进谏的只有谏官了。

但是,平时号称"君子"的谏官高若讷不但不为范仲淹说话,反而极力诋毁范仲淹。欧阳修十分气愤,当即给高司谏写了一封措辞激烈的信。高若讷接到这信,恼羞成怒,把欧阳修原信上交朝廷,结果欧阳修也被贬出京,到夷陵(今湖北宜昌)任县令。

后来,朝廷起用范仲淹防御西夏进犯,四年后,又召回范仲淹任参知政事,这就是"庆历新政"实行的一年。范仲淹提拔了一些能够参与革新的官员,欧阳修也被选召回京城,当了谏官。

一些官僚贵族为了反对新政,又攻击范仲淹等结为朋党,把持朝政。于是,欧阳修用他熟练的古文笔法,写了一篇名作《朋党论》,上呈宋仁宗。

宋仁宗是个有时糊涂,有时清楚的君主。欧阳修言论激烈,一些保守派把他看做仇敌,但那时仁宗却表示赞赏,他对侍臣说:"像欧阳修这样的人才,哪里能再找到!"还命他任知制诰,起草诏令。

但好景不常,庆历新政不到一年就停止了。范仲淹、韩琦、富弼等都被罢相位;欧阳修竭力劝谏无用,反被保守派攻击,调离京城,到滁州任知州。

滁州是个山明水秀的地方。欧阳修屡遭贬谪,心情自然有些气愤不平。但他暂时摆脱了政局紊乱的朝廷,来到一个民俗淳美的幽静环境,也觉得另有一番乐趣。

他在处理政务之外,常常悠游山水,来到了当地风景秀丽的琅琊山,听到潺潺做声的酿泉,看到那峰回路转飞架在泉上的醉翁亭,为了记述醉翁亭一带朝暮和四季不同的景色,也为了描述他和滁州百姓、宾客在那里游宴,写太守与民同乐的情趣,于是挥笔写了这篇名作《醉翁亭记》,"醉翁之意不在酒,在乎山水之间也"便是该文中的名句。

 **赏 析**

"醉翁之意不在酒,在乎山水之间也。"这两句说明,醉翁的乐趣不在酒上,而在乎醉翁亭周围优美的自然景色和与民同乐。因为,只有人民过着比较安定的生活,才有情趣扶老携幼地游山;而只有优美的山水景色之中点缀着往来不

绝的人民的游乐,才能使作者感到无穷的乐趣。这句中的"醉"不光指"酒醉",最主要指的是"陶醉"。作者实际上是借山水来排遣内心的忧郁之情。现在常用来指某人说话做事言在此而意在彼。

自古皆有死,民无信不立

【名句】

zì gǔ jiē yǒu sǐ mín wú xìn bú lì
自 古 皆 有 死,民 无 信 不 立①。

【出典】

《论语·颜渊》。

【注释】

①无信:老百姓对政府不信任。不立:国家就无法存在。

【译文】

自古以来人都是要死的,但如果人民对政府不信任,国家政权是立不住的。

【原作】

子贡问政。子曰:"足食、足兵、民信之矣。"子贡曰:"必不得已而去,于斯三者何先?"曰:"去兵。"子贡曰:"必不得已而去,于斯二者何先?"曰:"去食。自古皆有死,民无信不立。"

【作者小传】(见第2页)

卫国人端木赐,字子贡。他是孔门弟子中政治成就最高的一个,也是最富有的一个。

子贡多智善辩,被当时人看做办理外交事务的第一等人才。孔子称他为"瑚琏(hú liǎn)之器。"瑚琏就是诸侯祭祀宗庙时必用的贵重器物,孔子以此为比喻来肯定子贡的政治品质。但是,孔子又认为子贡过分的言辞敏锐、聪明外露,所以,常常把另一个优秀弟子颜回提出来作比较,希望子贡不要太锋芒毕露。

孔子于鲁定公十四年(前496)离开鲁国周游列国,子贡和颜回、子路等许多学生随行,历访卫、陈、曹、宋诸国。那时孔子的声誉已经很高,各国国君都很有礼貌地接见他,向他咨询治国的道理,而子贡就代表老师和各国的大臣们应酬接触。

有人问子贡:"孔子到一个国家,一定要议论这个国家的政事,是孔子要求这样做,还是君主自愿和他商榷呢?"

子贡回答说:"我的老师以他高尚的德行感召各国君主,使君主们不自觉地要和我的老师商量国事。如果说这也属于要求,就和别人的要求不一样。"

子贡曾向孔子请教,治国最重要的任务是什么,孔子回答说:"足食、足兵、民信之。"意思是说要有充足的粮食贮备、强大的武装力量和百姓对政府的信任。

子贡又问:"这三件事一时不能全办到时,应该把哪一件暂时先搁下?"

"搁下'足兵'的事。"孔子毫不迟疑地回答。

"万一还要分一分先后,再搁下什么呢?"子贡再进一步追问。

孔子想了想,坚定地说:"去食,自古皆有死,民无信不立。"

子路听后,觉得老师的话言之有理,就照着去办了。

赏 析

"自古皆有死,民无信不立。"这两句是说,首先要让老百姓树立信心。因为,信任比生死还重要。自古以来,人总是要死的,百姓失去了信心,国家就无法存在。这叫做"自古皆有死,民无信不立"。后来,子贡曾在鲁国、卫国辅政,孔子的这句名言,常记在他心中,成为他治理国政的基本方针。